KB109600

보장분석

보장분석

발행일	2018년 12월 31일

지은이	남성현, 이여희		
펴낸이	손 형 국		
펴낸곳	(주)북랩		
편집인	선일영	편집	오경진, 권혁신, 최승헌, 최예은, 김경무
디자인	이현수, 김민하, 한수희, 김윤주, 허지혜	제작	박기성, 황동현, 구성우, 정성배
마케팅	김회란, 박진관, 조하라		
출판등록	2004. 12. 1(제2012-000051호)		
주소	서울시 금천구 가산디지털 1로 168, 우림라이온스밸리 B동 B113, 114호		
홈페이지	www.book.co.kr		
전화번호	(02)2026-5777	팩스	(02)2026-5747

ISBN	979-11-6299-467-2 03320 (종이책)	979-11-6299-468-9 05320 (전자책)

이 도서의 국립중앙도서관 출판예정도서목록(CIP)은 서지정보유통지원시스템 홈페이지(http://seoji.nl.go.kr)와
국가자료공동목록시스템(http://www.nl.go.kr/kolisnet)에서 이용하실 수 있습니다.
(CIP 제어번호: CIP2018040908)

100세 시대 필수 금융 상품인 보험의 답을 제시하는

보장분석

지은이 | 남성헌 · 이여희

통계를 통해 필요한 질병을 **보장**하며,
발병 시 보험금은 **보상**받고,
보장 내용을 **보고**받아,
자신의 건강을 **보호**하자.

북랩 **book** Lab

Intro

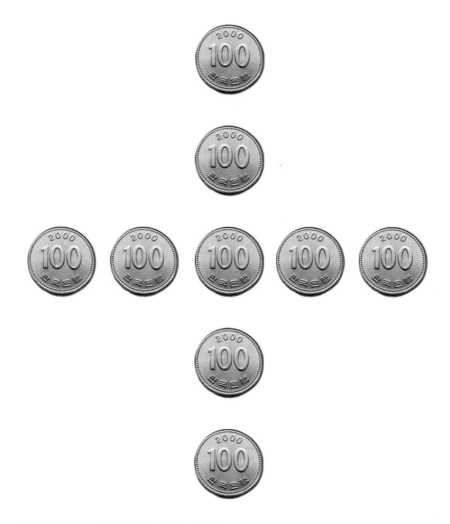

여기 책상 위에 100원짜리 동전 9개가 놓여 있다.

가로로 500원, 세로로 500원이다. 동전을 더 이상 추가하지 않고 동전의 이동만으로 가로로 700원, 세로로 700원을 만들어보자.

답)

가장자리의 동전들을 가운데 동전 위로 올린다. 그럼 가운데 동전은 100원짜리 5개로 500원이 된다. 그러면 가로로 700원, 세로로 700원이 된다. 동전의 개수는 그대로 9개인데 가로, 세로의 가치는 늘어난 셈이다.

최근 몇 년 사이 경제의 사적인 영역에서도 화두가 되고 있는 **공유경제**의 개념이 여기에도 적용이 되는 것이다. 금방 크는 아이들의 장난감도 사지 말고 공유하라고 하고, 도로에 널린 자동차도 소유하지 말고 공유하라고 한다. 심지어 집도 공유해서 살아보라고 한다. 합리적인 측면이 분명히 있다. 역사적으로 보면 보험 역시 이러한 공유의 개념에서 시작한 것이다. 나와 가족에게 닥친 위험(각종 사고나 치명적인 질병)은 감당하기 힘들 정도로 그지만, 십시일반(계약자들이 매월 납입한 보험료)으로 힘을 합쳐서 준비된 보험금은 큰 가치를 만들어 낸다. 누군가는 실직의 고통 속에서도 치료에 전념하여 경제 전선에 복귀를 하게 되고, 누군가의 자녀는 아버지가 남긴 보험금으로 학업을 마치게 되는 기회를 얻는다. 힘들게 쌓아놓은 저축으로 이 모든 위험을 감당해야 한다면 얼마나 미련한 일인가. 또 각자의 능력을 넘어서는 크기로 위험이 닥친다면 자신뿐 아니라 가족들까지 고통 속으로 내몰게 되는 불행이 된다. 그래서 보통 사람들이 힘을 모아 함께 감당해내는 것이 보험이다.

왜 보장분석인가?

과거와 달리 최근에는 자발적 필요에 의해서 보험가입을 하는 사람들도 많다. 하지만 계획적 판단에 의하기보다는 지인의 권유나 광고에 의존하는 경우가 대다수이기 때문에 특정 부분에는 과보장, 또 다른 부분에서는 보장의 공백이 발생하게 된다. 보험을 가입하는 근본적인 이유를 생각한다면 보다 체계적인 준비와 관리가 필요한데도 말이다.

대한민국 가구당 보험가입율 96.3%, 개인당 보험가입율 93.8%

(출처: 보험연구원 2016년 보험소비자 설문조사)

이미 보험이 없는 가정이 없다. 한 번 가입하고 나면 여간해선 들여다보지 않는다. 막상 보험에 관심이 커지는 때는 보험사고가 발생했을 때가 대부분이다. 의사로부터 청천벽력과 같은 진단을 받거나 사고로 병원 신세를 지게 되었을 때는 책꽂이 어딘가에 꽂아둔 보험 증권이 생각나게 된다. 잘 들어둔 것이면 효자노릇 할 것이고 아닌 경우라면 돈만 버린 상황이 될 판이다. 꼭 필요한 보험이니 잘 가입하는 거라며 권유하던 선후배는 이미 일을 관둔 상태이다. 이 상황은 나와 가족이 알아서 감당해야 한다. 보장은 받을 수 있는 건지, 보험금은 얼마나 나오는 건지 궁금한 것투성이지만 콜센터 직원의 음성만으로는 답답하기만 하다.

그러므로 **우리는 스스로 보장분석이라는 걸 할 수 있어야 한다.** 기초공사가 부실한 건물은 드물게 맞이하는 태풍과 지진이라도 절대 견딜 수가 없다. 우리 가정 경제도 마찬가지이다. 돈을 잘 모으는 것이라 종종 오해받는 재무설계 분야에서도 가장 중요하고 기초·기본이 되는 축이 보장설계이다. 보장설계가 제대로 준비된 후에 저축과 투자가 이뤄져야 한다. 우리 가정이 처음부터 계획적인 보장설계를 통한 보험가입을 하지 않았다 할지라도 가입된 보장내용을 살펴보고 보장분석을 해봐야 한다. 전문가의 도움을 받는다면 좋겠지만 그럴 수 없는 상황이라면 혼자서도 할 수 있어야 한다. 보장분석을 한 뒤에야 우리 가정의 보장에 대한 객관적인 평가가 나올 것이고 이후 합리적인 대비를 해 나갈 수 있게 된다.

TV에 나온 유명 셰프는 고급 레스토랑의 음식도 짧은 시간에 쉽게 만들 수 있는 방법을 보여준다. 집밥의 대가는 몇 가지 재료로 반찬 몇 가지도 뚝딱 만들어내는 방법을 가르쳐준다. 그 과정을 지켜본 우리는 도전하고 비슷한 맛을 구현해낸 뒤 만족스러운 식탁을 만든다.

우리는 이 책을 통해 일종의 '보장분석의 레시피'를 전하고자 한다. 보장분석에 키포인트가 되는 **중요한 기준**을 파악할 수 있도록 도울 것이다. 그래서 꼭 필요한 보장이 무엇인지, 필요한 크기는 어떠한지도 알려줄 것이다. 그 과정을 통해 누구나 스스로 보장분석을 할 수 있게 될 것이라 믿는다.

우리가 『보장분석』을 세상에 내어놓는 궁극적인 이유는

모든 가정이 불행이 찾아가기 전에 대비하기를 바라기 때문이다.

2018년 12월 남성현, 이여희

셀프
보장분석 레시피

준비물 : 우리 가족 보험 증권, 형광펜, 빈 노트

1. 가족 구성원 개인별로 보험 증권을 분류한다.

2. 개인별 보험 증권의 가입일 순으로 정리한다.

3. 형광펜으로 표시한다.
   - 보험의 이름, 가입일자, 만기일자, 납입 기간, 월보험료

4. 각 보험 증권에 표시된 보장금액을 찾는다.
   - 사망보험금, 장해보험금, 질병진단금, 수술, 입원보험금

5. 각 보장의 만기를 살펴본다.
   - 만기환급금 여부, 갱신형 보험의 경우 표시를 따로 한다.

6. 빈 노트에 각 보험의 총 납입보험료를 적고 각 보장 금액과 비교한다.

7. 80세 이후 보장을 볼 수 있는 항목을 정리한다.

8. 보장의 빈틈이 보이거나 중복 보장으로 보험료가 낭비되는 경우를 확인한다.

9. 신뢰할 수 있는 전문가와 의논한다.

보험은 우리 가정의 엄연한 자산이다. 언제든 사고가 발생하면 바로 현금을 만들어내는 자산인 것이다. 돈을 벌고 불리는 것도 중요하지만 유사시에 돈을 지키는 것도 매우 중요한 일이다. 제대로 된 보장분석을 해보지 않고 각종 사고나 질병을 맞이한다면 당사자뿐 아니라 가족 구성원 모두에게 불행이다. 보장분석! 한 번쯤은 도전해보길 바라고 객관적인 시각을 가진 전문가의 도움을 받아도 좋다. **보장, 보상**의 파트에서는 우선적으로 대비해야 하는 보장 항목과 적정한 보장 금액을 확인할 수 있도록 하고 사례를 첨부했다. **보고, 보호**의 파트를 통해서는 평소 건강을 관리하고 가정의 보장을 지키는 데 필요한 방법들을 확인할 수 있다.

끝으로 이 글을 읽는 독자분들 모두가 자신의 소중한 자산인 보험을 책꽂이 한편에 먼지 쌓인 채 내버려두지 않고 보장분석 점검을 하여, 그것이 유사시에 우리 가정에 든든한 현금자산이 될 수 있을지를 꼭 확인하길 바란다.

CONTENTS

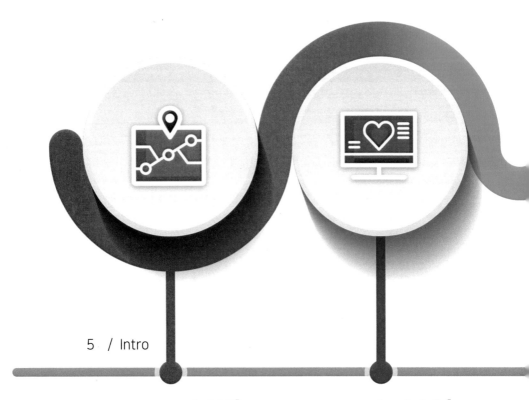

Part 3. 보호

Part 4. 보고

Part 1
보장

우리는 현재 4차 산업혁명,

100세 시대라는 새로운 패러다임 시기를 지나고 있다.

이런 새로운 환경 속에 우리에게 반드시 필요한 물건은 무엇일까?

바로 나에게 맞는 보장진단을 통한 보장자산이다.

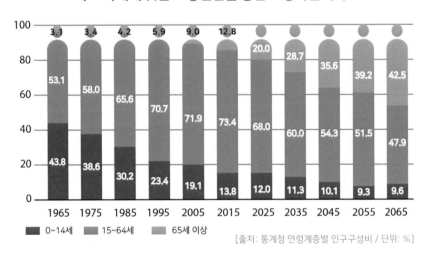

[출처: 통계청 연령계층별 인구구성비 / 단위: %]

미래 노인 인구 비율 증가

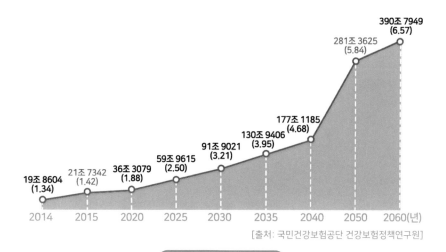

390조 7949
(6.57)

281조 3625
(5.84)

177조 1185
(4.68)

130조 9406
(3.95)

91조 9021
(3.21)

59조 9615
(2.50)

36조 3079
(1.88)

21조 7342
(1.42)

19조 8604
(1.34)

2014 2015 2020 2025 2030 2035 2040 2050 2060(년)

[출처: 국민건강보험공단 건강보험정책연구원]

노인 의료비 확대

'새롭다'라는 말 속에는
'불확실하다'라는 의미도 담겨 있다.

가상화폐가 처음 출시되었을 때 금융시장의 반응은 '새롭다', '신선하다'도 있었지만 그 속에는 엄청난 **불안과 불확실성**이 내포되어 있었다. 이 세상의 거의 모든 새로운 것들은 신선함, 기대를 주지만 그와 함께 늘 불안, 변동성, 불확실성 등 부정적 요소를 같이 가지고 출시된다.

100세 시대에 접어들면서 장수에 대한 기대가 분명히 생겨났지만 그에 반해 **노인 의료비와 연금 필요성 급증이라는 불안 요소도** 같이 가지고 오게 되었다. 누구도 살아보지 못했던 새로운 시대에 **보험은 선택이 아닌 필수 상품이 되어 버린 것이다.**

보험 상품은 단순히 보험설계사가 권해서 가입하는 상품이 아닌 본인 스스로가 반드시 필요해서 가입해야 하는 상품이다. 그런데 보험 상품은 어떤 상품을 선택하느냐, 어떤 특약을 넣느냐에 따라 가격이 천차만별이다. 결국 가격 대비 어떤 보장을 얼마큼 가져가느냐가 보험 가입을 잘 했는지 못 했는지 판단하는 기준이 된다.

우리나라에서는 다양한 건강 및 질병 관련 정보를 공공기관을 통해 쉽게 확인할 수 있다.
그중 대표적인 사이트에는 **통계청, 건강보험심사평가원, 질병관리본부, 건강보험공단, 생명·손해보험협회, 보험개발원** 등이 있다.

· 과거

감염성 질환 > 비감염성 질환

- 기생충
- 곰팡이균류
- 바이러스
- 박테리아

· 현재

감염성 질환 < 비감염성 질환

- 바이러스

과거에는 감염성 질환의 비율이 높았지만 현재에는 비감염성 질환의 비율이 높다.

질병의 변화

예전에는 감염성 질환이 많았지만 최근에는 비감염성 질환이 훨씬 더 많다. 그만큼 **생활환경**이 개선되어 외부적인 요소보다 식습관, 운동 등 **내부적인 요소가 더 중요해졌다**는 것을 확인할 수 있다.

질환	진료 인원
고혈압	6,026,151
정신 및 행동 장애	2,917,973
호흡기 결핵	62,838
심장 질환	1,452,916
당뇨병	2,847,160
신경계 질환	2,984,128
악성신생물	1,504,757
갑상선의 장애	1,293,301
알콜성 간 질환	126,657
만성 신부전증	203,978
대뇌혈관 질환	918,015

[출처: 건강보험심사평가원 / 단위: 명]

2017년 만성 질환 진료 인원

건강보험 심사평가원 자료에 따르면 내부 요소에 의한 만성 질환인 고혈압, 신경계 질환, 당뇨병의 급증을 확인할 수 있다. 개인적인 건강관리가 중요해졌다고 할 수 있다.

통계청 자료를 살펴보면 우리나라 사망 원인 **1위가 암, 2위가 심장 질환, 3위가 뇌혈관 질환 으로** 최근 **심장 질환이 급증**하고 있는 것을 확인할 수 있다. 전문가 의견에 따르면 심장 질환이 급증하는 가장 큰 원인은 비만이라고 한다. 이 또한 앞서 이야기한 개인적인 건강관리와 관계가 있는 것으로 풍요로운 시대를 살아가면서 먹는 데 큰 어려움이 없는데도 불구하고 자기관리 부족으로 발생하는 현상인 것이다.

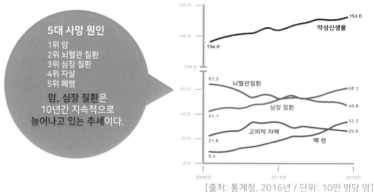

[출처: 통계청, 2016년 / 단위: 10만 명당 명]

연도별 5대 사망 원인

금융감독원 자료에 따르면 **국민 1명당 3.6개의 보험에 가입되어 있다.** 우리가 보험 상품을 가입하는 이유는 불의의 사고를 당했을 때 보장을 받기 위함이다. 그런데 사고당 얼마의 보험금이 나오는지 그리고 보험금 규모가 얼마가 적절한지 모르는 사람이 대부분이다. 우리나라 3대 사망 원인은 **암, 심장 질환, 뇌 질환으로 두 명 중 한 명은 이 질병으로 사망**한다. 만약 가장이 처자식을 두고 사망했다고 가정하였을 때 얼마의 보험금이 적절할까?

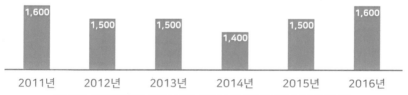

* 본 통계는 사망보험금에서 사망 건수를 나눈 금액으로 환급금과 배당금은 포함되어 있지 않다.

[출처: 보험개발원 보험통계포털 사이트 / 단위: 만원]

보험개발원 자료를 살펴보면 **1인당 사망보험금은 1,600만원이다.** 사람의 생명 가치를 두고 보면 이는 결코 많은 금액이라 볼 수 없다.

다음 장부터 각 질병 및 상황에 따라 필요한 자금을 산출하고

본인에게 맞는 보장자산을 산출해보도록 하자.

사망과 통계

사람은 언젠가 반드시 죽는다.

췌장암으로 사망한 스티브 잡스의 명언 중 '죽음은 삶이 만든 최고의 발명품'이라는 말이 있다. 언젠가 죽는 우리가 죽음이라는 단어 앞에 오늘을 어떻게 살아야 하는지를 나타내는 중요한 이야기를 한 것이다. 그렇다면 죽음이라는 단어 앞에서 우리는 어떤 삶을 살아가야 할까?

재무적 관점에서 바라보면 사망보험금은 죽음이라는 단어 앞에 스스로 대비할 수 있는 아주 중요한 금융 자산이 아닐까? 단순히 사망보험금을 유족 위로금으로 생각하는 사람도 있겠지만 재무적 관점에서 바라보면, 상속세, 부채 상환, 유족 생활비 등 다양한 필요가 발생할 수 있다. **사망보험금은 재무적 문제에 대한 대비책이라고 볼 수 있다.**

최근 통계청 자료를 살펴보면 한국의 평균 결혼 연령은 남자 32세, 여자 30세이다. 남자는 보통 결혼을 기점으로 가장이 되는데, 가장은 가정에 대한 책임을 져야 하는 위치이다.

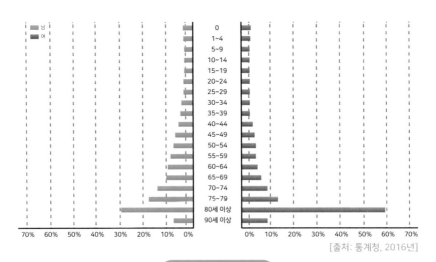

[출처: 통계청, 2016년]

연령별 사망률

가장(30세~65세)이 은퇴하기 전 사망하는 확률은 33%다. 3명 중 1명은 은퇴 전 사망한다.

만약 가장이 소득기간 중 사망하게 되면

어떤 재무적인 문제가 발생할까?

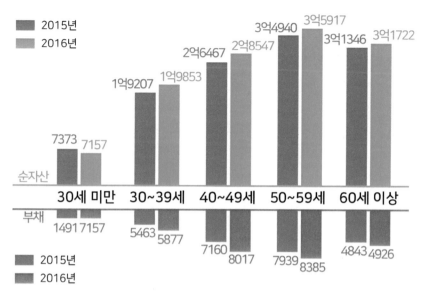

가구주 연령대별 가구당 순자산 & 부채

굳이 필자가 이야기 하지 않아도 예상되는 문제들이 있을 것이다.
부채 상환 문제 및 생활비 문제 등 다양한 재무적 문제가 발생한다.

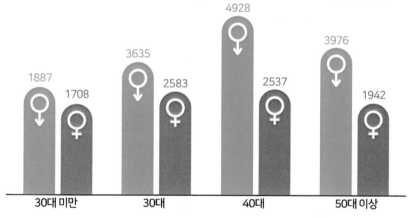

연령별 평균 연봉

이렇게 사망보험금은 가장의 유고 시 발생할 수 있는 부채 및 생활비를 감안하여 보험금 규모를 산출할 수 있다.

사망보험금이 많으면 많을수록 좋지만 보험금 중에 가장 큰 사업비를 차지하는 것이 사망보험금이기 때문에 마냥 많은 보험금을 받으려 높은 보험료를 내는 보험에 가입하기에는 부담스러울 수 있다. 보통 사망보험금을 보험대상자 연봉의 3배 정도에 맞추어 가입하는 것을 권장하고 있지만, **각 가정상황에 맞게 산출해 보는 것이 가장 좋은 방법일 것이다.**

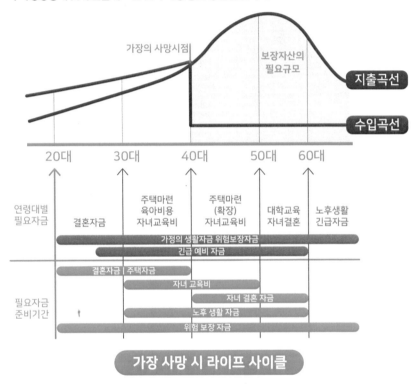

부채금액+필요자금(교육자금, 주택자금 등)을 감안해서 보험금을 산출할 수 있으며(재무니즈방법), 가장의 평균 연봉과 소득 기간을 추정하여 계산하는 방법(생애가치방법)도 있다.

사망보험금이 산출되면 어떤 보험 상품에 가입해야 할까?

사망 통계를 살펴보면 **질병사망이 전체사망률에서 90% 이상을 차지하고 있다.** 우리는 보통 뉴스 및 매체를 통해 교통사고 및 재해로 사망하는 경우를 자주 접하지만 생각보다 이런 사고로 사망하는 경우는 매우 희박하다. 따라서 **상해 및 재해사망보다는 질병사망보험금이 더 중요함을 알아야 한다.**

순위	사망 원인	사망자 수	사망률
1	악성신생물	78,194	153.0
2	심장 질환	29,735	58.2
3	뇌혈관 질환	23,415	45.8
4	폐렴	16,476	32.2
5	고의적 자해(자살)	13,092	25.6
6	당뇨병	9,807	19.2
7	만성 하기도 질환	6,992	13.7
8	간 질환	6,798	13.3
9	고혈압성 질환	5,416	10.6
10	운수 사고	5,150	10.1

[출처: 통계청 / 단위: 인구 10만 명당 명, %]

사망 원인과 사망률, 사망자 수

일반사망

제6조 [보험금의 지급 사유]

회사는 피보험자에게 다음 중 어느 하나의 사유가 발생한 경우에는 보험수익자에게 약정한 보험금(별표 1" 보험금 지급기준표" 참조)을 지급합니다.

1. 사망보험금

피보험자가 보험기간 중 사망하였을 때(자살, 자연사, 원인불명)

상해사망 · 질병사망

1-1 상해사망 특별약관

제6조 [보험금의 지급 사유]

회사는 피보험자가 보험 증권에 기재된 이 특별약관의 보험기간(이하 「보험기간」) 중에 상해의 직접 결과로써 사망한 경우(질병으로 인한 사망은 제외) 보험 증권에 기재된 이 특별약관의 보험가입금액을 사망보험금으로 보험수익자에게 지급합니다.

2-1 질병사망 특별약관

제6조 [보험금의 지급 사유]

회사는 피보험자가 보험 증권에 기재된 이 특별약관의 보험기간(이하 「보험기간」) 중에 질병으로 사망한 경우 보험 증권에 기재된 이 특별약관의 보험가입금액을 사망보험금으로 보험수익자에게 지급합니다.

[출처: 보험 약관]

질병사망과 상해사망을 구분하는 보험 상품은 주로 손해보험 상품에 있다. 하지만 손해보험 상품에 질병사망 가입 한도가 보험사마다 일정 금액 이하로 정해져 있기 때문에 고객이 원하는 금액의 사망보험금이 지급되는 보험에 가입하기 어려울 수 있다. 넓은 한도 및 넓은 보장을 받기 위해서는 생명보험사의 종신보험이나 정기 보험 상품을 가입해야 한다. 종신보험은 사망에 대해 종신토록 보장해주는 것이고, 정기보험은 일정 기간만 보장해주는 상품으로 종신보험보다 저렴하다.

우리나라에서 가장 많이 발생하는 질병은 암이다.

국가통계자료에 따르면 우리나라 사람이 평생 살면서 암에 걸릴 확률은 35.3%였으며, 남자는 5명 중 2명(37.9%), 여자는 3명 중 1명(32.0%)이 암에 걸릴 것으로 추정하고 있다. 국가암등록통계의 연령별 암 발생률 자료를 살펴보면, 50대 초반까지는 여자의 암 발생률이 더 높다가, 이후부터는 남자의 암 발생률이 더 높아지는 것을 확인할 수 있다.

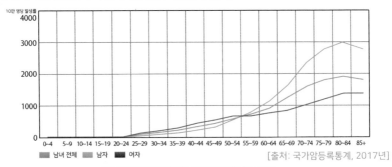

[출처: 국가암등록통계, 2017년]

모든 암의 연령군별 발생률

성·연령별 암 발생률을 살펴보면 0~14세군은 남녀 모두 백혈병, 15~34세군은 남녀 모두 갑상선암, 35-64세군 중 남자는 위암, 여자는 유방암, 65세 이상군 중 남자는 폐암, 여자는 대장암이 1위를 차지하였다.

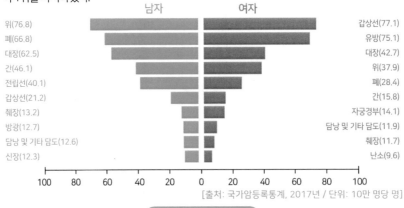

[출처: 국가암등록통계, 2017년 / 단위: 10만 명당 명]

남녀 암 발생률

가장 많이 발생하는 암은 위암이며 그 아래로는 대장암, 갑상선암, 폐암, 유방암, 간암, 전립선암의 순으로 많이 발생하고 있다. 남자의 경우 위암, 폐암, 대장암, 간암, 전립선암 순서이며, 여자의 경우 갑상선암, 유방암, 대장암, 위암, 폐암 순서이다.

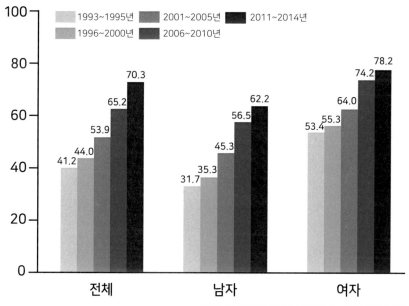

[출처: 보건복지부 중앙암등록본부, 2016년 / 단위: %]

모든 암 5년 상대 생존율

최근 암 발병 후 5년 생존율이 70%를 넘어서고 있다.

5년 생존율을 살펴보는 이유는 암은 완치라는 단어를 사용할 수 없는 질병이기 때문이다. 수술 및 항암요법을 통해 암이 사라졌다 하더라도 재발 및 전이 위험성이 존재하기 때문에 5년 동안의 생존율을 통해 암 치료 효과의 상대적인 지표를 볼 수 있다.

그런데 갑상선암 환자의 5년 상대 생존율이 **100.2**라는 것이 이상하지 않은가?

이는 해당 기간 중 발생한 암 환자가 5년 이상 생존할 확률을 추정한 것이기 때문이다. 암 환자와 동일한 연도, 성별, 연령의 일반인의 5년 기대 생존율과 비교하여 5년 생존할 확률을 측정한 것이므로 **상대 생존율이 100%라면 일반인의 생존율과 동일함을 의미한다.** 즉, 같은 연령, 같은 성별의 갑상선암에 걸리지 않은 일반인과 갑상선암 환자를 비교했을 때 갑상선암 환자의 5년 생존율이 더 높다는 의미이다.

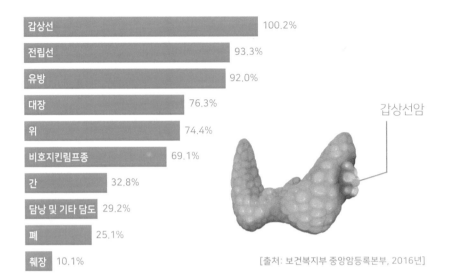

갑상선	100.2%
전립선	93.3%
유방	92.0%
대장	76.3%
위	74.4%
비호지킨림프종	69.1%
간	32.8%
담낭 및 기타 담도	29.2%
폐	25.1%
췌장	10.1%

갑상선암

[출처: 보건복지부 중앙암등록본부, 2016년]

주요 암 5년 상대 생존율

암 생존율이 높아졌다 하더라도 간·폐·췌장·담낭 및 기타담도 암은 여전히 낮은 생존율을 보이고 있다. 이 암들의 특징은 **조기 발견이 어려워 어느 정도 암이 진행된 뒤 발견된다는 점이다.**

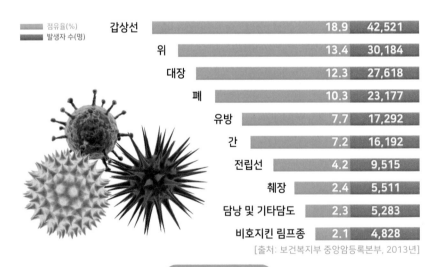

점유율(%)
발생자 수(명)

갑상선	18.9	42,521
위	13.4	30,184
대장	12.3	27,618
폐	10.3	23,177
유방	7.7	17,292
간	7.2	16,192
전립선	4.2	9,515
췌장	2.4	5,511
담낭 및 기타담도	2.3	5,283
비호지킨 림프종	2.1	4,828

[출처: 보건복지부 중앙암등록본부, 2013년]

상위 10대 암

암 치료비는 암 종류별로 차이는 있지만 대부분 수천만원 이상 발생한다.

최근 정부가 보건복지를 위한 정책으로 다양한 의료 지원을 하면서 암 치료비도 지원을 해주고 있다. 암 생존율이 높아지면서 병원 치료비는 어느 정도 지원을 받는다 하더라도 문제는 생활비 이다. 비급여 항목의 항암치료도 많이 받는 추세로 향후 암 치료비는 더 올라갈 수도 있다. 실제로 조사한 자료에 따르면 **최근 7년간 암 치료비가 4.2배나 증가한 것으로 나타났다.**

그뿐만 아니라 암을 치료받았다 하더라도 재발이나 전이 가능성이 있기 때문에 치료 후 식습관 및 스트레스에도 각별히 주의해야 하므로 암 발생 전과 같은 소득 및 소비 수준을 기대하긴 어렵다.

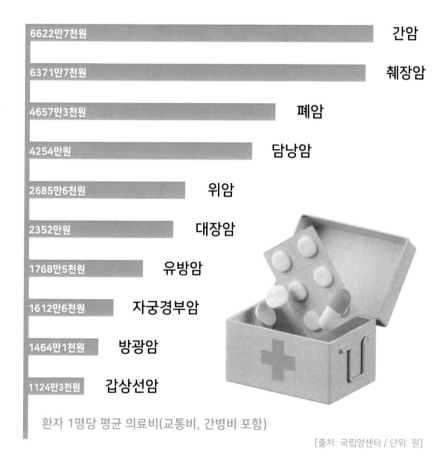

금액	암 종류
6622만7천원	간암
6371만7천원	췌장암
4657만3천원	폐암
4254만원	담낭암
2685만6천원	위암
2352만원	대장암
1768만5천원	유방암
1612만6천원	자궁경부암
1464만1천원	방광암
1124만3천원	갑상선암

환자 1명당 평균 의료비(교통비, 간병비 포함)

[출처: 국립암센터 / 단위: 원]

종류별 암 치료비용

심장 질환

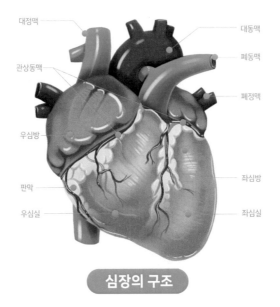

대정맥

대동맥

폐동맥

관상동맥

폐정맥

우심방

판막

좌심방

우심실

좌심실

심장의 구조

혈관 중 심장 혈관(심혈관)은 매우 중요하다.

심장에서 1분당 2.5~3.5L씩 뿜어져 나오는 혈액을 온몸으로 제대로 보내는 데 핵심적인 역할을 하기 때문이다. 심혈관 건강 문제로 인한 사망자는 한 해 3만 명가량 된다.

세계보건기구(WHO)의 통계에 따르면 **심혈관계 질환이 세계적인 사망률 29.2%로 1위**를 차지 하였으며, **우리나라의 경우 두 번째로 높은 사망률**을 기록하고 있다.

혈관 막힘

협심증

심근경색

심부전

	급성 심근경색증 [질병분류코드: I21]	허혈성 심장 질환 [질병분류코드: I20~I25]	고혈압성 심장병 [질병분류코드: I11]	심장 기능 상실(심부전) [질병분류코드: I50]
2006년	10,576	14,215	2,189	1,814
2016년	10,171	14,654	2,420	5,094
증감률	-4%	3%	11%	**181%**

[출처: 통계청, 2016년 / 단위: 명]

심장 질환별 사망자 수

심장 질환은 크게 협심증, 심근경색, 심부전으로 구분할 수 있다.

협심증은 심장 근육이 요구하는 **혈액량, 산소량에 비해 공급량의 규모가 부족할 때 생기며** 발병 시 가슴을 쥐어짜는 듯한 심한 통증이 발생한다. 관상동맥에 죽상동맥경화증이 있거나 경련이 생겨 그 구멍이 좁아지면 심장 근육에 공급되는 혈액량이 부족해져 통증이 생긴다. 갑자기 심한 운동을 해서 상대적으로 혈액이 부족해져도 이런 통증이 생길 수 있다.

심근경색은 관상동맥이 매우 좁거나 막혀서 심장으로 가는 피가 부족해 심장 근육 세포가 파괴되는 병이다. 이렇게 상한 심장 근육은 회복되지 않으며 **이는 허혈성 심장병의 가장 심한 상태이다.**

심부전은 심장 기능에 장애가 와서 우리 몸이 필요로 하는 충분한 피를 심장이 방출하지 못하는 상태를 말한다. 심부전이 오면 심장 앞에 있는 동맥으로는 충분한 피를 내보내지 못하고 심장 뒤의 정맥으로는 심장으로 들어와야 할 피가 정체된다. 심장에 생기는 모든 병의 마지막 단계는 심부전이다. **모든 심장병이 말기에는 심부전이 될 수 있다.**

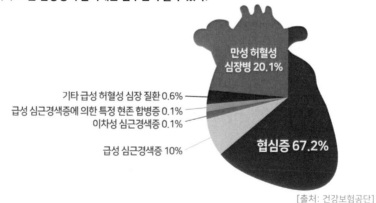

만성 허혈성 심장병 20.1%

기타 급성 허혈성 심장 질환 0.6%
급성 심근경색증에 의한 특정 현존 합병증 0.1%
이차성 심근경색증 0.1%

급성 심근경색증 10%

협심증 67.2%

[출처: 건강보험공단]

심장 질환 발생 현황

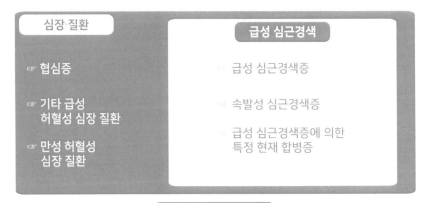

현재 발생하는 심장 질환의 대부분은 협심증이다.

심장의 혈관이 막히는 정도에 따라
협심증과 심근경색을 구분할 수 있다.

협심증은 가슴 통증을 느끼게 되는 일련의 병리 상태로 심장 근육에 손상을 주지 않고 회복이 가능한 상태이다. 하지만 심근경색은 가슴 통증이 20분 이상 지속되고 그 정도가 심한 경우에는 심장 근육이 손상되어 본래 기능이 돌아올 수 없으므로 생명에 위협을 줄 수도 있다.

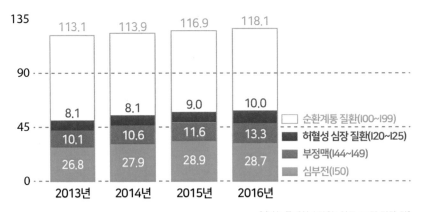

[출처: 통계청 / 단위: 인구 10만 명당 명]

연도별 심장 질환 사망자 수

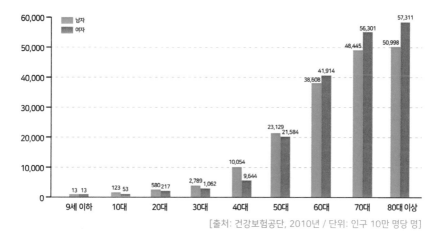

[출처: 건강보험공단, 2010년 / 단위: 인구 10만 명당 명]

연령별 심혈관 질환

최근 **심장 질환 환자**가 4년 사이 5만 명가량 증가했다.

뇌혈관 질환 사망률보다 높아져 현재 **우리나라 사망률 2위가 심장 질환이다.** 심장이 펌프질을 멈추면서 생기는 심인성 쇼크는 사망률이 40%가 넘는다. 심장 근육은 한 번 손상되면 회복이 불가능하기 때문에 그만큼 심장 질환이 위험하다는 것을 알 수 있다.

심장 질환 환자 수 통계를 살펴보면 **50대까지는 남자 환자 수가 많지만 그 이후에는 여자 환자 수가 많다.**

뇌혈관 질환

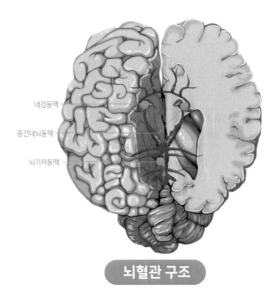

뇌혈관 구조

4차 산업혁명이 진행되면서 인공지능에 대한 관심이 뜨겁다. 뇌를 최대한 추종하는 과학의 가능 여부에 대한 관심이 크다는 것은 사람의 뇌에 대한 동경이 크다는 사실을 의미한다. 인간의 뇌는 제2의 우주라고 할 정도로 복잡하고 관련 연구가 계속 이어지고 있다. 그래서 '뇌과학'이라는 단어가 나오고 있는지도 모른다. 이렇듯 중요한 **뇌를 활동할 수 있게 하는 것이 뇌혈관**인데 뇌혈관을 통해서 신선한 피와 산소가 공급된다.

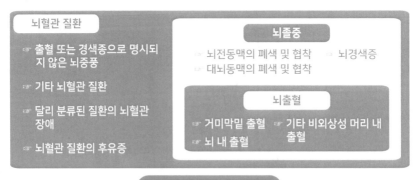

뇌혈관 질환	뇌졸중
☞ 출혈 또는 경색종으로 명시되지 않은 뇌중풍	☞ 뇌전동맥의 폐색 및 협착 ☞ 뇌경색증 ☞ 대뇌동맥의 폐색 및 협착
☞ 기타 뇌혈관 질환	**뇌출혈**
☞ 달리 분류된 질환의 뇌혈관 장애	☞ 거미막밑 출혈 ☞ 기타 비외상성 머리 내 출혈
☞ 뇌혈관 질환의 후유증	☞ 뇌 내 출혈

뇌혈관 질환의 범위

뇌혈관이 막혀 있거나 터져서 발생하는 뇌혈관 질환은 국내 사망 원인 중 암 다음으로 많다. 한 의학전문 매체에 따르면 혈전, 출혈 및 기형으로 인해 발생할 수 있는 다양한 뇌혈관 질환이 있는데 그 질환으로는 뇌졸중, 일과성 허혈 발작, 지주막하 출혈 등이 있다.

뇌혈관 질환을 크게는 뇌출혈과 뇌경색으로 나눌 수 있다.

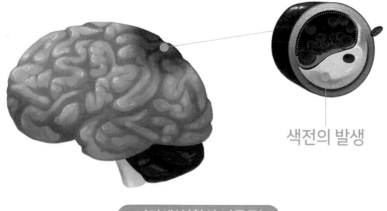

색전의 발생

뇌경색(허혈성 뇌졸중)

뇌경색은 뇌혈관 일부가 막혀서 뇌가 충분한 산소를 전달받지 못해 제 기능을 하지 못하는 것을 말하며, 허혈성 뇌졸중이라고 불린다. **뇌경색은 전체 뇌졸중의 80~90%를 차지한다.**

▶ 85~90%에서 고혈압성 뇌출혈 발생

▶ 기타 동정맥루(AVM)와 같은 혈관 기형이나 외상, 종양 등으로 인해 발생

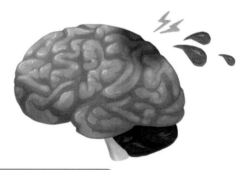

뇌출혈(출혈성 뇌졸중)

뇌출혈은 두개골 내에 출혈이 생겨 발생하는 뇌혈관 장애이다. 뇌혈관이 파열되면 뇌 조직 내부로 혈액이 유출되는데, 이것을 뇌출혈이라 한다. 외부로부터 받은 강한 충격으로 뇌혈관이 파손되는 경우도 있지만 **고혈압으로 인해 발생하는 고혈압성 뇌출혈이 대부분**을 차지한다.

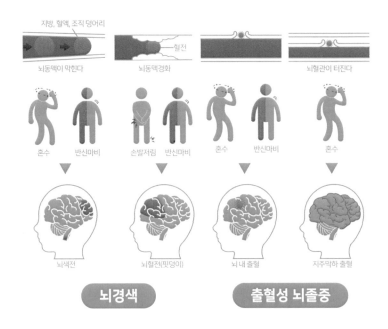

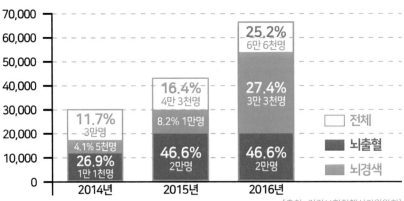

[출처: 건강보험정책심의위원회]

뇌혈관 질환 증감률

뇌혈관이 파열되어 출혈을 일으키는 출혈성 뇌졸중 환자가 지속적으로 증가하고 있는 것으로 나타났다. 건강보험심사평가원 통계 자료에 따르면 뇌출혈 진료를 받은 사람은 2012년 대비 15%가 증가하였다. 즉, 연평균 3.3%의 증가율을 보이며 지속적으로 상승했다는 것이다. 연령별 통계에 의하면 남자는 50대가 가장 많았고, 여자는 70대가 가장 큰 비중을 차지했다.

구분		2012년	2013년	2014년	2015년	2016년	연평균 증감률
환자수	전체	80,713	83,022	84,235	86,631	92,013	3.3%
	남자	40,857	41,870	43,283	42,283	46,011	3.0%
	여자	39,856	41,152	43,348	43,348	46,002	3.7%
진료비	전체	378,905,636	400,230,101	492,694,791	492,694,791	580,135,087	11.2%
	외래	15,987,840	15,314,479	16,582,775	16,582,775	17,111,039	1.7%
	입원	362,917,796	384,915,622	476,112,016	476,112,016	563,024,048	11.6%

[출처: 건강보험심사평가원, 『생활 속 질병통계 100선』 / 단위: 명, 천원, %]

연도별 뇌출혈 환자 수 & 진료비

전체 환자 수는 소폭 상승하였지만 **진료비는 10%가 넘게 상승**하는 추세이다.

뇌 질환 사망자 수는 암과 심장 질환 대비 적은 편이지만 반신마비 등 큰 후유증으로 인해 경제활동이 어려우므로 생활비 부족 문제를 겪을 수 있다.

여수 수산시장 뇌혈관 상담!

보장분석을 원한다는 구수한 전라도 사투리의 전화를 받았다. 나들이 삼아 알려주는 주소로 출발했다. 생선이 지천으로 깔려 있는 여수 수산시장이었다. 예부터 남도 지방에서 전해지는 말. 인물 자랑하지 말아야 할 곳이 순천, 주먹 자랑하지 말아야 할 곳이 벌교, 돈 자랑하지 말아야 할 곳이 여수라고 했다. 화장을 곱게 하고 맞아주시는 분은 한눈에도 시장에서 잔뼈가 굵어 보이는 여장부 사장님이다. 그 자리에서 바로 보장분석을 통해 중복된 보장, 부족한 보장 내역을 설명해 드렸더니, 대뜸 뇌혈관 진단비가 많이 나오게 해달라고 부탁하신다. 그 주에 다시 방문한 시장에서는 뇌혈관 진단금을 원하는 고객이 줄을 서 계셨다. 나중에 알게 된 사실은 이렇다. 얼마 전 시장에서 활어 코너의 한 사장님이 뇌졸중으로 쓰러졌는데 다행히 생명에 지장 없이 치료를 잘 받으셨다. 그런데 보험금 청구를 하는 과정에서 본인이 가입한 상품에는 뇌졸중으로는 진단금을 받지 못한다는 걸 알게 되었고, 이 소문은 삽시간에 번져 사람이 쓰러져서 병원에 갔는데 왜 보험금을 안 주느냐는 험악한 민원이 생겨나게 된 것이었다. 그러다가 뇌졸중, 뇌출혈, 뇌경색, 뇌혈관 등 본의 아니게 의학 용어를 공부하시게 된 상황이었다.

대한민국 사망 원인 1~3위로 암, 심혈관, 뇌혈관 질환이 있다. 질병의 조기 발견이나, 발병 후 조기 치료로 생존율이 많이 개선되긴 했지만, 여전히 치명적인 질병들이다. 특히 뇌혈관 질환의 경우 후유장해를 남기게 되는 경우가 많아 생존하더라도 삶의 질이 파괴되어서 본인뿐만 아니라 가족들도 고통 속에 살게 된다.

보험 이야기로 다시 돌아가서, 이러한 사망 원인 통계 때문에 우리가 가입한 보험 중 생존보장 부분은 암, 뇌, 심혈관 진단금을 중요하게 다룬다. 그러나 자세히 들여다보면 질병과 보장 대상이 달라서 억울해하는 고객들이 다수 있다. 여수 수산시장 사장님의 경우, 뇌경색증으로 쓰러지셨는데 가입된 보험은 뇌출혈에 대해서만 보험금을 지급하도록 되었던 것이다. 뇌혈관 질병이면 다 받을 수 있는 것 아니냐고 항변하고 싶지만, 보험은 약관에 명시된 보장 범위 내에서 보장을 받게 되어 있다. 심혈관 질환의 경우도 마찬가지다. 전체 허혈성 심장 질환 중 급성 심근경색증은 10%도 안 되니 이왕이면 허혈성 심장 질환 보장을 선택하는 것이 현명한 것이다. 따라서 보장분석의 측면에서 보면 당연히 **범위가 최대한 넓게 보장을 준비하는 것이 중요하다.**

노인성 질환

장애 등급 받으면 치매보험금 나오나요?

할아버지는 경남 함양에서 학당을 하셨다고 한다. 귀하게 태어난 딸이었지만 시대가 교육을 허락하지 않았다. 어머니는 겨우 한글만 깨우친 채 외할머니를 도와 집안일을 했다. 식솔들을 먹이고 살림을 돕다가 6·25 전쟁이 끝나던 무렵, 얼굴도 본 적 없는 남자가 있는 산청으로 시집을 갔다. 스무 살부터 서른이 될 때까지 딸 둘에, 아들 셋을 낳았다. 다정함과는 거리가 너무 먼 남편은 늘 권위를 내세우고 여자의 말에 귀기울일 줄 모르는 사람이었다. 늘 속앓이를 하며 아이들만 바라보며 살았다. 아이들이 커가면서 공부를 시켜야 했기에 대도시로 이사를 했다. 시골에서는 그나마 넉넉한 살림이었지만 대도시는 달랐다. 아이들을 줄줄이 대학을 보내려고 일을 찾아나서야 했다. 막내아들이 대학을 졸업할 때까지 손에 물을 묻혀야 했다. 육십이 넘어 막내까지 결혼을 시키고 나서야 할 일을 다 한 듯했다. 하지만 손주는 더 예쁜 법이었다. 직장생활을 하는 며느리를 대신해서 살림을 하고 손주들을 먹였다. 그 사이 남편은 암으로 세상을 떠났다. 아무리 살가운 사이가 아니었다 해도 배우자의 죽음을 상상치 못할 충격이었다. 살짝 찾아온 뇌졸중으로 한 달간 입원치료를 했다. 혈압약을 먹으며 조절만 잘 하면 생명에 전혀 지장이 없다는 의사의 말도 안심이 되지 않았다. 아침, 저녁으로 가벼운 운동을 하고 소식을 하며 건강관리를 했다. 딸, 사위와 여행도 여러 군데 다녀왔다. 원 없이 종교생활도 하며 노년의 삶을 보냈다. 팔순이 되던 해에 자식들은 간만에 다들 모여서 여행을 함께하고 어머니께 효도를 했다. 큰딸은 오랜만에 어머니와 장시간을 보내는 사이 이상한 점을 발견했다. 불길했다. 막내를 시켜 어머니를 병원에 모시고 가서 검사를 받도록 했다. 평소 건망증이나 고집스러운 성격의 표출이라 여겼던 것이었지만 이미 질병은 진행된 후였다. **치매였다.**

큰아들은 믿을 수가 없었다. 외국에 사는 동안 몇 년에 한 번씩 뵈었던 어머니는 늘 기억 속의 어머니라고만 생각했던 것이다. 하지만 두 눈으로 확인한 후 이 절망을 받아들일 수밖에 없었다. 손가방을 들고 외출을 했던 어머니가 집을 찾아오지 못하게 된 후, 더 큰 사고를 막기 위해 자식들은 어머니를 요양원으로 모시기로 결정했다. 시간이 지나자 이제 용변도 혼자 힘으로 해결하지 못하셨다. 요양 보호사가 채워주는 기저귀에 의지할 수밖에 없는 상황이 된 것이다. 자주 볼 수 없는 가족들은 당신이 낳은 자식일지라도, 눈물로 키운 자식일지라도 한 번에 알아보지 못했다. 사랑하는 이들을 기억하지 못하는 뇌를 갖고 살아가야 한다. 삶의 질은 너무도 파괴되었다. 애틋함으로 바라보는 것밖에 할 수 있는 게 없는 자식들은 얼마나 더 무너질지 모를 이 길을 어머니의 손을 잡고 계속 걸어간다.

치매의 치료는 지난한 과정이다. 아니 치료라고 말하기에 적당치 않겠다. **아직 치료법이 발견되지 않았으니 치매는 그냥 과정일 수밖에 없다.**

장애 등급 받으면 치매보험금 나오나요?

치매는 병원에서 전문의에게 진단을 받지만, **장기요양등급을 받기 위해서는 국민건강보험공단에 신청을 해야 한다.** 병원의 기록을 검토하고 가정 방문을 통해 환자의 상태를 확인한 후 최종 등급을 매기게 된다. 요양등급을 받게 되면 공적 서비스를 받을 수가 있는데, 요양 보호사가 집으로 방문해서 치매환자를 돌보는 방법과 시설을 이용하는 서비스가 있다. 환자와 보호자의 상황에 따라 선택을 하면 된다. **환자의 등급에 따라서** 재가 서비스를 받는 시간과 요양시설에 납부하는 **본인 부담 금액이 달라진다.**

치매 진단 후 사적으로 준비해둔 보험의 경우 보험사에 따라 보장받는 항목에도 차이가 있다. **생명보험사의 경우** 경증 또는 중증의 치매를 진단받으면 진단금과 매월의 간병비를 지급한다. 이때 보험사가 요구하는 것이 **CDR 척도에 의거한 의사의 검사결과지이다.** 아래의 기준에 의해 점수를 판정받는데 **중증 치매의 경우 CDR 척도 3점 이상을 말한다.** 치매 입원비를 보장하는 경우도 있는데 이때 주의할 것은 요양병원에선 보장받을 수 있지만, 요양원의 경우는 보장받을 수 없다는 점이다. **손해보험사의 경우**는 보통 **장기요양등급에 따라 진단금을 지급하는 형태**로 되어 있다. 등급은 앞서 말한 것처럼 국민건강보험공단의 검사를 통해서 받는데 그 결과지를 보험사에 제출하면 요양등급에 따라 약정한 보험금을 받게 된다. 치매와 관련한 중요한 보장 중의 하나가 **'질병후유장해'**이다. 장해 분류표에서는 13 분류 체계에 따라 신체 부위별로 장해율을 산정하는데 신경, 정신 행동 장해로 분류되어 있는 치매를 각 증상별로 구분한다. 지급율은 약간의 치매(CDR 척도 2점)의 경우 40%, 뚜렷한 치매(CDR 척도 3점)의 경우 60%, 심한 치매(CDR 척도 4점)의 경우 80%, 극심한 치매(CDR 척도 5점)의 경우 100%이다. 가입한 질병후유장해 보장금액에서 정한 해당 비율에 따라 진단금을 받게 되니 치매에 중요한 보장이 된다.

CDR 척도		증상
0	정상	경미한 건망증 정도
0.5	최경도	지속적인 건망증 / 집안일, 사회생활 장애 의심
1	경도	일상생활에 지장 있는 기억장애 / 집안일, 사회활동에 장애가 있으나 활동 가능
2	중등도	시간 인지 능력 상실 / 간단한 집안일만 가능
3	중증	사람 인지 가능 / 대소변 실금 / 정상생활 불가능
4	심각	자신의 이름에만 반응 / 도움 없이 이동 불가능
5	말기	자신에 대한 인식 불가능 / 활동 자체 어려움

CDR 척도 - 임상 치매 평가

등급	심신의 기능 상태	장기요양 인정 점수
1등급	일상생활에서 전적으로 다른 사람의 도움이 필요한 상태	95점 이상
2등급	일상생활에서 상당 부분 다른 사람의 도움이 필요한 상태	75점 이상 95점 미만
3등급	일상생활에서 부분적으로 다른 사람의 도움이 필요한 상태	60점 이상 75점 미만
4등급	심신의 기능 상태장애로 일상생활에서 일정 부분 다른 사람의 도움이 필요한 상태	51점 이상 60점 미만
5등급	치매(제2조에 따른 노인성 질병으로 한정한다) 환자	45점 이상 51점 미만
인지지원등급	치매(제2조에 따른 노인성 질병으로 한정한다) 환자	45점 미만

장기요양등급

구분		질병코드
한국표준 질병사인분류	1. 알츠하이머병에서의 치매	F00
	2. 혈관성 치매	F01
	3. 달리 분류된 기타 질환에서의 치매	F02
	4. 상세불명의 치매	F03
	5. 알츠하이머병	G30
	6. 지주막하 출혈	I60
	7. 뇌내 출혈	I61
	8. 기타 비외상성 두개 내 출혈	I62
	9. 뇌경색증	I63
	10. 출혈 또는 경색증으로 명시되지 않은 뇌졸중	I64
	11. 대뇌경색증을 유발하지 않은 뇌전동맥의 폐쇄 및 협착	I65
	12. 뇌경색증을 유발하지 않은 대뇌동맥의 폐쇄 및 협착	I66
	13. 기타 뇌혈관 질환	I67
	14. 달리 분류된 질환에서의 뇌혈관 장애	I68
	15. 뇌혈관 질환의 후유증	I69
	16. 파킨슨병	G20
	17. 이차성 파킨슨증	G21
	18. 달리 분류된 질환에서의 파킨슨증	G22
	19. 기저핵의 기타 퇴행성 질환	G23
	20. 중풍 후유증	G23.4
	21. 진전	G23.6

[출처: 「노인장기요양보호법 시행령」, '노인성 질병의 종류']

노인성 질병 코드

노인성 질환은 **노화 현상이 원인이 되어 발병된 병으로**
40세 이후부터 발생하며,
주로 65세 이상에서 많이 발생되는 질환이다.

노인성 질환에는 젊어서 생긴 질병이 지속된 경우(당뇨병, 관절염, 만성 폐 질환, 암, 만성 위염, 만성 간 질환 등)와 노화로 생기는 질병(노인성 난청, 노인성 백내장, 노인성 치매, 노인성 우울증, 노인성 골다공증, 노안, 노쇠 등)이 있다.

그중 치매는 사회적으로 큰 이슈가 되고 있다.

치매란, 후천적으로 발생해 지속되는 지적 능력의 장애로 일정한 증상의 기준을 만족할 때 붙이는 증후군 진단명이다. 다양한 치매 질환 중 가장 많은 비율을 차지하는 것은 알츠하이머와 혈관성 치매이지만 루이체, 전두측두엽 퇴행, 파킨슨의 퇴행성 뇌 질환들과 정상압 뇌수두증, 두부 외상, 뇌종양 등 매우 다양한 원인 질환에 의해 치매가 발생할 수 있다.

[출처: 보건복지부]

치매 종류 및 질병코드

보건복지부가 실시한 2012년 치매 유병률 조사 결과를 살펴보면, 65세 이상 노인의 치매 유병률은 9.18%로 환자 수는 54만 1천 명으로 추정되었다. 2008년에는 2012년의 기대 유병률이 9.08%(53만 4천 명)이었으나, 2012년 조사 결과는 그보다 높은 유병률을 보였다.

고령화 추세를 고려하면 **치매 유병률은 계속 상승하여** 환자 수도 2012년 약 54만 명에서 2030년에는 약 124만 명, 2050년에는 약 271만 명으로 **20년마다 약 2배씩 증가**할 것으로 추산된다.

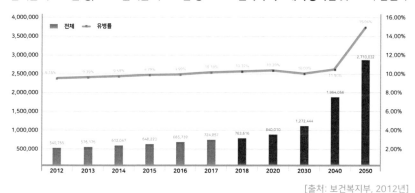

[출처: 보건복지부, 2012년]

치매 환자 수 추이

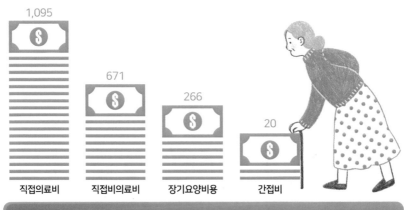

- **직접의료비**: 치매 치료를 위한 비용으로 국민건강보험급여와 환자의 비급여 본인 부담금, 본인 부담 제비로 구성
- **직접비의료비**: 간병비, 교통비, 보조 물품 구입비(소모품 구입비, 장비 구입비, 가정 내 시설 개선비)와 환자와 보호자가 의료 기관을 방문함으로써 발생하는 시간 비용 포함
- **장기요양비용**: 장기요양급여(시설급여 및 재가급여)
- **간접비**: 조기 퇴직 등 치매로 인해 환자에게 발생하는 생산성 손실 비용

[출처: 중앙치매센터, 2016년 / 단위: 만원]

치매 환자 1인당 연간 관리 비용

중앙치매센터의 통계를 살펴보면 치매 환자의 1인당 연간 관리 비용은 2016년 기준 총 2,054만 원이다. 이는 2011년 1,851만원에 비해 5년 동안 11%나 증가한 것이다. 치매 관리 비용 또한 점 차적으로 증가하는 것을 알 수 있다.

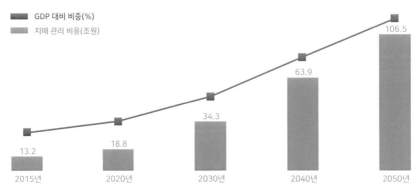

[출처: 중앙치매센터 대한민국 치매 현황, 2016년]

치매 관리 비용 증가 추이 전망

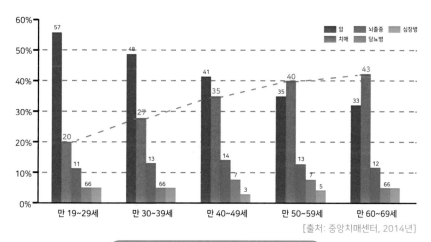

[출처: 중앙치매센터, 2014년]

연령별 치매에 대한 심리적 부담

10대에서 40대까지 가장 두려워하는 질병은 암이지만 **50대 이후 가장 두려워하는 질환은 치매이다.** 모든 질병이 비슷하겠지만 특히 치매에 걸릴 경우 가족들이 많은 고통을 받는 사례를 언론 매체를 통해 볼 수 있다. 과거에는 만 60세가 되면 오랫동안 건강하게 잘 살았다는 기념으로 환갑 잔치를 하였지만 100세 시대에 접어든 지금 환갑 잔치는 옛말이다.

하지만 아이러니하게도
노인성 질환이 65세 미만에서 많이 발생하고 있다.

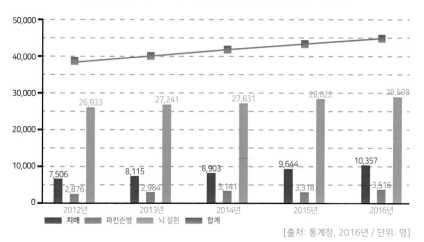

[출처: 통계청, 2016년 / 단위: 명]

65세 미만 노인성 질병 증가

입원

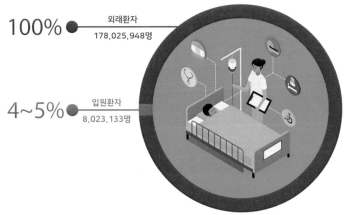

100% ● 외래환자
178,025,948명

4~5% ● 입원환자
8,023,133명

[출처: 통계청, 2016년]

외래 환자 대비 입원 환자

병원을 찾는 사람 중 **4.5% 정도가 입원을 한다.** 평균 입원 일수는 3일 전후로 그리 높지 않은 편이다.

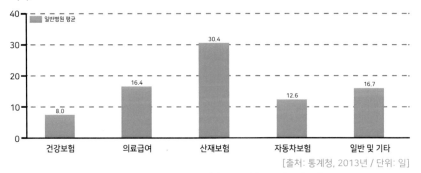

일반병원 평균

8.0 — 건강보험
16.4 — 의료급여
30.4 — 산재보험
12.6 — 자동차보험
16.7 — 일반 및 기타

[출처: 통계청, 2013년 / 단위: 일]

급여 종류별 입원 환자 평균 입원 일수

급여 종류별로 입원 환자를 살펴보면 직장에서 사고로 인해 입원하는 경우(산재보험)가 **30.4일로 가장 높았으며,** 일상생활 중 사고로 입원하는 경우(건강보험, 의료보험)가 24.4일, 자동차 사고와 기타가 각각 12.6일, 16.7일인 것을 알 수 있다.

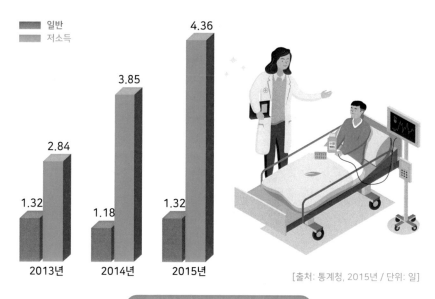

[출처: 통계청, 2015년 / 단위: 일]

1인당 연간 평균 입원 일수

그런데 입원 환자 중 **저소득자의 평균 입원 일수가 일반인보다 3배 이상 높다.** 저소득자의 평균 연간 입원 일수는 4.36일이며, 일반인은 1.32일이다.

치료 내용	입원일	요양급여 비용
간 부분절제술	14.9일	777만 5천원
간엽 절제술	18.3일	1,052만원
위 부분절제술	15.7일	684만원
위 전절제술	15.8일	832만원
결장 절제술	18.7일	883만원
직장 절제술	20.4일	958만 5천원
폐 절제술	17.8일	1,007만원
유방 부분절제술	7.1일	251만원
전립선 양측절제술	9.1일	277만 5천원

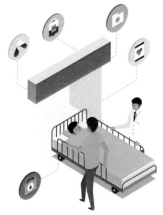

[출처: 통계청, 2016년]

주요 암 수술 후 입원 일수

암 수술 후 입원일 수를 살펴보면 짧게는 일주일, 길게는 2주를 넘는 정도이지만 암 수술 관련 입원비는 적지 않은 편이다.

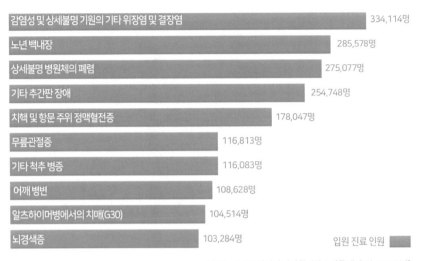

감염성 및 상세불명 기원의 기타 위장염 및 결장염	334,114명
노년 백내장	285,578명
상세불명 병원체의 폐렴	275,077명
기타 추간판 장애	254,748명
치핵 및 항문 주위 정맥혈전증	178,047명
무릎관절증	116,813명
기타 척추 병증	116,083명
어깨 병변	108,628명
알츠하이머병에서의 치매(G30)	104,514명
뇌경색증	103,284명

입원 진료 인원

[출처: 건강보험심사평가원, '진료비통계지표', 2017년]

다빈도 입원 질환

다빈도 입원 질환 통계를 보면 '감염성 및 상세불명 기원의 기타 위장염 및 결장염'이 가장 많으며, 다음으로 노년 백내장, 상세불명 병원체의 폐렴, 기타 추간판장애 등의 순서로 많이 발생한다.

노년 백내장	199,039명
알츠하이머병에서의 치매(G30)	93,414명
상세불명 병원체의 폐렴	87,300명
뇌경색증	74,815명
무릎관절증	63,695명
기타 척추병증	58,020명
요추 및 골반의 골절	49,513명
협심증	47,235명
감염성 및 상세불명 기원의 기타 위장염 및 결장염	46,638명
늑골, 흉골 및 흉추의 골절	45,559명

입원 진료 인원

[출처: 건강보험심사평가원, '다빈도 입원 질환', 2016년]

노인성 질환 입원 환자

65세 이상 노인의 다빈도 입원 질병은 노년 백내장, 알츠하이머병에서의 치매, 상세불명 병원체의 폐렴 순으로 많았다.

현재 장기 입원의 경우, 의료 수가의 상승으로 전보다 높은 병원비 부담이 발생한다.

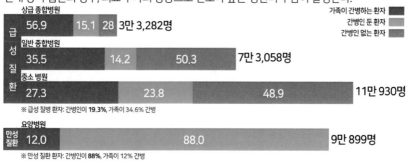

	가족이 간병하는 환자	간병인 둔 환자	간병인 없는 환자	
급성질환 상급 종합병원	56.9	15.1	28	3만 3,282명
급성질환 일반 종합병원	35.5	14.2	50.3	7만 3,058명
급성질환 중소 병원	27.3	23.8	48.9	11만 930명

※ 급성 질병 환자: 간병인이 **19.3%**, 가족이 34.6% 간병

만성질환 요양병원	12.0	88.0	9만 899명

※ 만성 질환 환자: 간병인이 **88%**, 가족이 12% 간병

[출처: 고려대 의대 안형식 교수, '한국형 간호간병 도입 방안 연구 보고서', 2015년 / 단위: %]

현재 입원 중인 환자 간병 실태

요양병원의 입원 원인에는 급성 질환이 많지만 만성 질환의 경우도 적지 않은 편이다.

급성 질환의 경우 대부분 가족들이 간병인 역할을 하지만, **만성 질환의 경우는 간병 기간이 길기 때문에 가족들이 간병하기 어렵다.** 그 때문에 만성 질환일 때는 **'간병인 문제'가 추가로 발생한다.**

현재 요양 시설 1인당 평균 입원 일수는 **600일 이상**으로, 이는 상당히 장기에 속한다.

암 투병 후 무조건 암보험만 찾는 당신!

공기 좋고 조용한 팔공산 자락에 한 아파트로 보장분석 상담을 나갔을 때 일이다. 거실 곳곳에 손주들 사진이 걸린 다복한 60대의 부부이신데 부인의 보장은 골고루 잘되어 있었지만 남편분의 보장은 유독 암보험이 많았다. 혹시 가족력이 있었는지 여쭸는데 아뿔싸, 10년 전 본인이 위암을 앓으셨던 것이었다. 이제는 과거와 달리 암의 기왕력이 있더라도 최근의 치료력이 없으면 암 발병 후 일정 기간이 지나면 보험 가입이 가능하다. 고객의 경우도 이 소식이 반가운 터에 이웃 주민의 추천으로 수년간 지속적으로 보험 가입을 해오신 상황이었다. 최근에 갑자기 체중이 줄어 건강검진을 했더니 다행히 암의 재발은 아니었지만 당 수치가 많이 높아졌다고 하신다. 약을 드셔야 하는 정도는 아니었지만 두려운 마음에 보험 증권을 살펴보시다가 도움을 청하셨던 것이었다.

사람이 태어날 때든 죽을 때든 우리의 선택권은 배제된다. 하지만 건강하게 살아가는 것은 우리의 선택으로 충분히 가능한 영역이다. 좋은 생활 습관과 음식물 섭취, 적당한 운동과 일의 조화로 사랑하는 이들과 건강하게 살아가는 것이 평범하지만 가장 큰 복이다. 생로병사의 과정에서 병들지 않고 죽는다면 좋겠지만, 통계적으로 건강수명은 평균수명에 비해 12~13년이 짧다. 말 그대로 유병장수의 시대이다. 질병을 지니고 살아가는 노년의 삶은 무척 고단하다. 거기에 치료비에 대한 걱정까지 함께 가져야 한다면 고단함을 넘어 불행한 삶일 것이다. 치명적인 질병을 진단받아도, 입원을 해도, 수술을 해도 젊은 시절 준비해둔 보장자산으로 감당할 수 있다면 얼마나 다행스러운 일일까! 자녀들의 근심 또한 덜어주는 일이다. 문제는 어떠한 질병이 나를 찾아올지 모르기 때문에 폭넓게 준비를 해야 한다는 사실이다. 3~4명 중 1명이 맞이하는 암, 사망 원인 2~3위를 차지하는 심혈관·뇌혈관 질환, 당뇨 합병증 등 각 질병에 수천만원씩의 보장자산이 기대수명까지 보장되어 있다면 훨씬 가벼운 마음으로 노년의 삶을 즐길 것이다.

팔공산 고객은 다행히 고정적인 수입이 있는 분이셔서 적정한 준비를 할 기회를 잡으셨다. 서로를 걱정하고 챙기며 살아가는 노년의 삶이 애틋한 두 분의 건강을 기원한다.

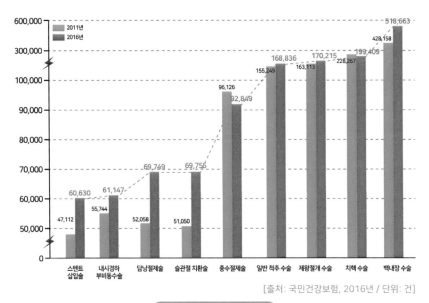

[출처: 국민건강보험, 2016년 / 단위: 건]

다빈도 수술 현황

우리나라에서 가장 많이 행해지고 있는 수술은 백내장 수술이다.

60세 이후가 되면 시력이 급격하게 떨어지게 되므로 노령 인구 중 백내장 수술을 시행하는 확률이 높아지고 있다. 백내장 수술은 실비보험에서 보장받을 수 있다. 백내장에 이어 많이 행해지는 수술이 치핵 수술과 제왕절개 수술이다. 치핵 수술의 경우 2009년 8월 이후 가입한 표준화 실손보험인 경우 보장받을 수 있으며, 제왕절개 수술은 실손보험에서 보장받지 못하고 생명보험의 수술비 보장 관련 보험인 경우 보장받을 수 있다.

진료비 추이를 살펴보면 **지속적으로 상승하는 추세**이다. 국민건강보험공단 자료에 의하면 관상동맥우회술과 심장 수술은 전년도 대비 각각 30%와 70%가 상승하였다.

환자 입장에서 수술 비용이 부담스러울 수밖에 없다.

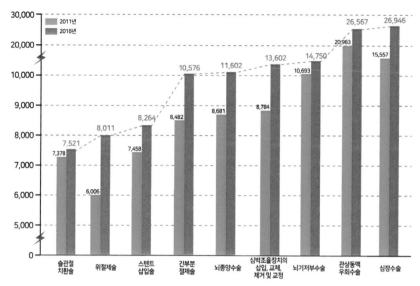

[출처: 국민건강보험, 2016년 / 단위: 천 원]

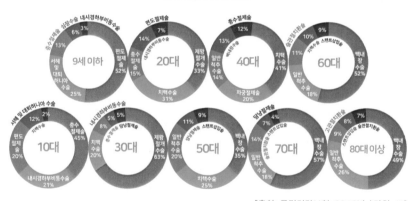

[출처: 국민건강보험, 2016년 / 단위: %]

연령대별 상위 5개 수술률

연령대별 수술 현황을 살펴보면 9세 이하에는 편도 절제술, 서혜 및 대퇴허니아 수술 등이 많았고, 10대에서는 충수 절제술(맹장 수술)과 내시경 부비동 수술(축농증 수술)이 많으며, 20~30대에는 제왕절개술과 치핵 수술이 많고, 40대는 치핵 수술, 50대 이후로는 백내장 수술이 가장 많았다. 또 60대 이후에는 백내장 수술에 이어 일반 척추 수술이 많이 발생하는 것을 알 수 있다.

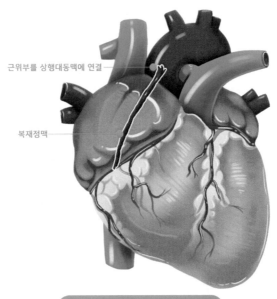

근위부를 상행대동맥에 연결 ─

복재정맥 ─

관상동맥우회로 이식술

관상동맥우회로 이식술 또는 관상동맥우회술 등으로 불리는 이 수술법은 협심증으로 인한 흉통을 완화하고 관상동맥 질환으로 인한 사망을 예방하기 위한 수술이다. 동맥이나 정맥을 환자의 관상동맥과 우회 이식하여, 심근에 혈액을 공급하는 관상동맥 순환을 원활히 하는 수술로서 기계장치를 이용해 대부분 심박이 정지된 상태에서 수술하지만 현재에는 심장이 뛰고 있는 상태에서도 할 수 있는 오프 펌프 수술법이 있다.

스텐드 삽입술의 장점

▶ 대수술이 필요 없음
▶ 대부분의 환자는 전신 마취 불필요
▶ 큰 합병증이 흔하지 않음

혈관성형술과 마찬가지로 스텐트 삽입술은 관상동맥우회술(CABG)의 최소 침습적 대안이다. 따라서 CABG 수술보다 합병증 위험이 적다. CABG 수술보다 회복 기간도 훨씬 짧아 환자들은 일반적으로 수술 다음 날 퇴원할 수 있으며, 스텐드 삽입술을 한 환자의 대부분이 빠른 속도로 정상적인 활동을 할 수 있다.

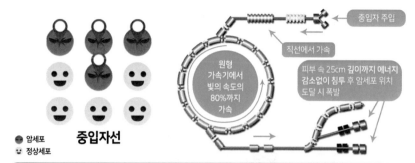

중입자선

● 암세포
☻ 정상세포

중입자 주입

직선에서 가속

원형 가속기에서 빛의 속도의 80%까지 가속

피부 속 25cm 깊이까지 에너지 감소없이 침투 후 암세포 위치 도달 시 폭발

중입자선 암치료는 중입자 가속기를 이용해 탄소 이온을 빛 속도의 80%까지 끌어올려 암조직을 살상하는 원리이다. 중입자는 원자핵을 구성하고 있는 소립자를 뜻하며 치료용 중입자는 탄소, 네온, 아르곤 등이 있지만 암치료는 암세포 살상 능력이 가장 뛰어난 탄소 중입자를 사용한다. 중입자 암 치료는 초당 10억 개의 원자핵이 암세포에 도달해 암세포의 DNA를 완전히 파괴하는 것이다. 중입자의 암세포 파괴 능력은 X선의 12배, 양성자의 3배에 달한다. 중입자 치료는 0.1㎜까지 정밀조사가 가능해 정상세포에 영향을 주지 않고 암 부위만 공격해 부작용이 거의 없다. 전 세계 10대뿐인 '중입자 치료기'는 2022년 국내에 도입된다고 한다.

▸ **치료 횟수:** 최소 1회~최대 12회 (폐암 초기 최초 1회 시술로 완전 제거 가능)
▸ **치료 기간:** 최소 1일 ~ 최대 3주
▸ **치료 비용:** 5,000만 ~1억 5,000만원

중입자 가속기 치료

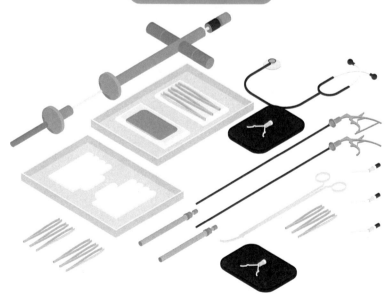

장수와 노인 진료비

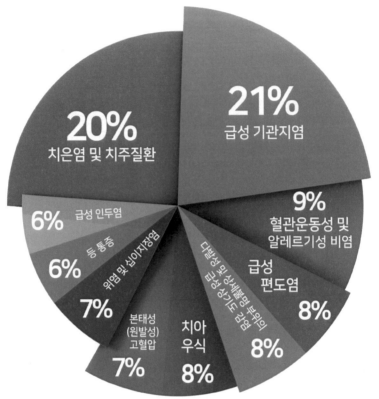

21%
급성 기관지염

20%
치은염 및 치주질환

9%
혈관운동성 및
알레르기성 비염

6% 급성 인두염

등 통증 **6%**

위염 및 십이지장염 **7%**

본태성
(원발성)
고혈압 **7%**

치아
우식 **8%**

다발성 및 상세불명 부위의 급성 편도염 **8%**

급성
편도염 **8%**

[출처: 건강보험심사평가원, 2017년 / 단위: %]

다빈도 외래 질병률

우리는 일 년에 몇 번 병원에 갈까?

사람마다 차이가 있겠지만 일 년에 한 번 이상은 병원에서 진료를 받곤 한다. 건강보험심사평가원의 2017년 다빈도 외래 질병률을 살펴보면 외래 **진료 1위는 기관지염**이며, 2위는 치과 치료, 3위는 비염, 4위는 편도염이다. 건강보험심사평가원의 2016년도 자료를 살펴보면 한 해 병원 진료비로 65조원이 들었다. 이는 건강보험 가입자 1인당 연평균 진료비로 보면 129만원인 것이므로 **전년 대비 11.4%가 증가한 수치인 것이다.**

진료비가 증가한 것보다 심각한 것은 전체 진료비에서 **노인 진료비의 비율이 점점 증가한다는 것**이다. 건강보험심사평가원의 '노인 진료비 통계'를 살펴보면 **2017년 전체 인구 진료비 중 노인 진료비가 41%나 차지했다.**

65세 이상 진료비는 매년 20~30%씩 상승하여 현재는 28조 수준이며, **향후 2050년에는 280조까지 상승할 것으로 전망하고 있다.** 현재 우리나라는 노인 인구가 15%를 넘어선 고령사회인데 향후 노인이 전체 인구의 20%를 넘어서는 초고령사회로 들어선다고 하니 의료비 문제가 예삿일이 아니다.

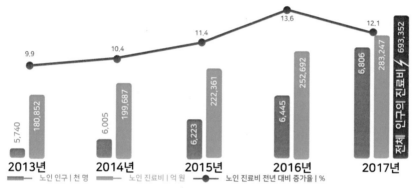

[출처: 건강보험 통계연보, 2017년]

65세 이상 진료비 구성비

한 해 노인 진료비는 약 408만원 수준으로
결코 적지 않은 금액이다.

적용 인구 (명)	전체	5,085만 2,000
	65세 이상	665만 4,000
	비율(%)	13.1%
진료비 (억원)	전체	33조 9,859
	65세 이상	13조 5,689
	비율(%)	39.9%
1인당 월평균 진료비 (원)	전체	11만 1,487
	65세 이상	34만 4,238

[출처: 건강보험심사평가원, 2017년]

노인 진료비

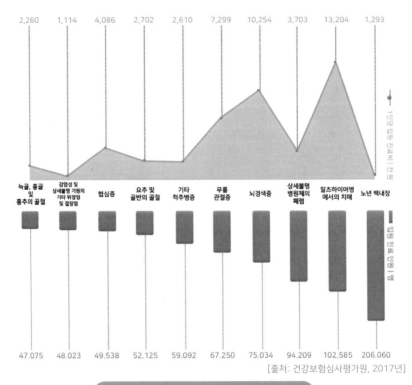

	녹골, 흉골 및 흉추의 골절	감염성 및 상세불명 기원의 기타 위장염 및 결장염	협심증	요추 및 골반의 골절	기타 척추병증	무릎 관절증	뇌경색증	상세불명 병원체의 폐렴	알츠하이머병 에서의 치매	노년 백내장
1인당 입원 진료비ㅣ천 원	2,260	1,114	4,086	2,702	2,610	7,299	10,254	3,703	13,204	1,293
입원 진료 인원ㅣ명	47.075	48.023	49.538	52.125	59.092	67.250	75.034	94.209	102.585	206.060

[출처: 건강보험심사평가원, 2017년]

65세 이상 노인 입원 다빈도 질병

1인당 외래 진료비ㅣ천 원		외래 진료 인원ㅣ명
138	본태성(원발성)고혈압	2,580,630
80	치은염 및 치주질환	2,373,454
41	급성 기관지염	1,908,998
164	등 통증	1,491,379
212	무릎관절증	1,471,238
174	2형 당뇨병	1,100,525
46	위염 및 십이지장염	1,088,359
1,278	치아 및 지지구조의 기타 장애	1,016,959
60	위-식도 역류병	984,362
220	기타 척추병증	982,519

[출처: 건강보험심사평가원, 2017년]

65세 이상 노인 외래 다빈도 질병

건강보험심사평가원의 '2017 65세 이상 노인 다빈도 입원 질병' 통계를 살펴보면 **다빈도 입원 질병의 경우** 1위는 **'노년 백내장'**이며 그다음으로 알츠하이머형 치매, 폐렴, 뇌경색증, 무릎관절증, 기타 척추병증, 협심증 순이었다.

특히 **치매, 무릎관절증, 협심증은 전년 대비 20% 넘는 상승률**을 보이고 있으며, **진료비가 상당히 많이 발생하여 부담을 줄 수 있다.**

다빈도 외래 질병의 경우 1위는 **'본태성(원발성) 고혈압'**이며 그다음으로 치은염 및 치주질환, 급성 기관지염, 등 통증, 무릎관절증, 2형 당뇨병, 위염 및 십이지장염, 위-식도 역류병 순으로 집계되었으며 치주 질환 환자가 가장 큰 폭으로 상승하고 있다.

고혈압, 당뇨는 만성 질환으로 꾸준히 관리해야 하며, 약물로 치료하면 되지만 **치주 질환의 경우 상당히 많은 비용이 발생**하는 것으로 나타났다.

엄마가 입원하셔서 보험사에 전화해보니 보험이 없대요!

비가 오나 눈이 오나 마당과 집 앞 골목길 치우는 것으로 하루를 시작하시는 엄마라고 했다. 젊어서부터 몸에 밴 부지런함에 자식들은 이제 좀 쉬시라고 늘 걱정이다. 눈발이 날리던 그날도 골목을 쓸러 나가셨다가 내리막에 미끄러지셔서 병원으로 실려가셨다. 싹싹한 딸들이 속속 병원으로 도착했다. 허리를 다치셔서 못 걸으실까 걱정이 이만저만이 아니었다. 엑스레이를 찍고 여기저기 검사를 한 뒤의 진단은 고관절 골절이라고 했다. 연세가 있으니 뼈가 붙기도 힘들고 해서 입원 기간이 상당히 길어질 것을 각오해야 할 상황이었다. 그만하기 다행이라며 서로를 위로하고 번갈아가면서 딸들은 병실을 지켰다. 엄마가 들어둔 보험에서 입원비는 나오니 부담은 덜 거라고 철석같이 믿었다. 두 달간 입원 치료 후 퇴원시켜드리고 서류를 준비해서 ○○보험사에 청구를 했다. 근데 이게 어찌된 일인가. 엄마 보험이 없다고 한다. 전에도 여기서 백내장 수술비를 받았다며 잘 확인해보라고 주민번호를 잘못 입력한 것 아니냐고 실랑이를 했다. 그래도 없단다. 아니, 있었는데 이제는 없다고 한다. 엄마는 올해 만 81세가 되셨다. 보험이 만기가 지난 것이었다. 또순이 딸들은 서로 얼굴을 보며 웃지도 울지도 못했다. 앞으로 큰 병 오면 어쩌나. 말하지 않아도 눈빛으로 서로의 마음을 알았다.

고령화라는 말이 우리 사회에서 거론된 지 20년이 다 되어 간다. 수명은 점점 늘어서 최빈사망연령 90세 돌파를 앞두고 있다. 학계에서는 평균수명 대신 사망연령이 가장 집중되는 최빈치(最頻値)가 90세가 넘으면 호모 헌드레드 국가로 분류한다. 우리나라는 최빈사망연령이 2016년도에 이미 86세를 넘어섰고 2020년에는 90세를 넘을 것으로 전망한다. 의료 기술의 발달과 질병의 조기 발견으로 수명은 점점 늘지만 의료 빈곤 세대 또한 늘 것으로 본다. 전 생애 의료비 지출의 대부분이 사망 직전 1~2년 사이에 발생한다. 이 시기의 의료비를 국가에서 다 부담한다면 좋겠지만 현실적으로는 불가능하다. 그리고 각 개인이 준비해둔 민간의료보험이 효자 노릇을 하는 것도 기간이 정해져 있으니 문제다. 왜냐하면 **현재 보험 가입자의 보장 기간이 80세인 경우가 대부분이기 때문이다.** 불과 20년 전만 해도 70세 만기가 최장 보장 기간이었다. 그나마 80세까지로 기간이 늘어난 것도 길다 생각했던 것이 얼마 전 일이다. 100세까지 보험의 혜택을 누리도록 수정하는 일이 시급하다. 80세에는 보장도 끝나지만 우리가 낸 보험료 중 단 한 푼도 돌려받지 못하는 경우가 대부분일 것이다. '80세까지면 됐지'라는 안일함이 자녀들에게 큰 부담으로 다가가지 않도록 각자의 보험 증권을 들여다봐야 한다. 주계약뿐 아니라 각종 특약의 **만기가 80세인지 90세인지 꼼꼼히 확인해야 한다.** 지금은 종이에 불과하고 늘 통장에서 빠져나가는 보험료만으로 각인된 우리의 보험 증권이 어느 시기가 되면 우리에게 현금을 만들어 줄 것이다. 골절을 입어도 수술을 해도 입원을 해도 중병에 걸려도 치매가 걸려 자식을 몰라보아도 우리의 병든 몸이 현금을 만들어 낼 것이기 때문이다.

셀프 보장분석 1

지금까지 배운 여러 가지 상황을 통계로 살펴보면 사망이나 주요 질병의 진단 및 수술, 입원 등의 경우 정신적인 고통은 물론 경제적인 어려움이 발생한다는 것을 알 수 있다.

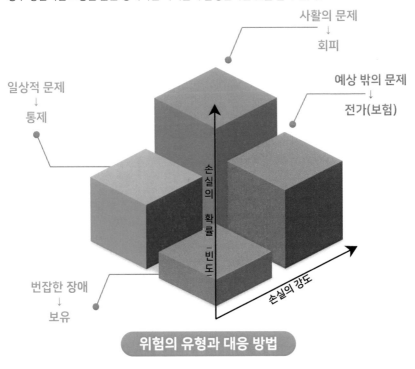

사활의 문제
↓
회피

예상 밖의 문제
↓
전가(보험)

일상적 문제
↓
통제

번잡한 장애
↓
보유

손실의 확률 - 빈도 -

손실의 강도

위험의 유형과 대응 방법

위험 확률과 위험 금액(크기)으로 위험 관리를 구분하는 방법이 있다.

확률이 낮고 위험 금액도 낮은 경우(위험 보유)는 크게 신경 쓰지 않아도 되지만, 확률이 높고 위험 금액 또한 높은 경우(위험 회피)는 무조건 회피해야 한다.

그런데 확률은 낮지만 위험 금액이 큰 경우는 위험을 이전해야 하는데, 이것의 한 방법이 보험인 것이다. 보험은 평소 우리가 십시일반 자금을 모았다가 우리 중 누군가에게 불행이 닥치면 **경제적으로나마 도움을 주자는 일종의 '품앗이'이다.**

따라서 보험을 활용하여 효과적으로
위험을 관리하는 것이 중요하다.

보장설계는 우리가 일상생활 중 겪을 수 있는

여러 질병 및 사고를 대비하는 것이다.

보통 주요 질병에 걸릴 경우 많은 병원비는 물론 생업을 할 수 없기 때문에 발생하는 휴업 손해가 발생하게 되며 자칫 잘못하면 후유장해(치료 후에도 질병이 완치되지 못하거나, 이전과 같은 노동력을 사용할 수 없는 상태)가 발생할 수 있다. 이런 내용들을 고려하여 보험금을 설계하는 것이 중요하다.

의료비손해	정신적손해	후유장애손해	사망손해	휴업손해
상해 또는 질병으로 인하여 병원의 치료를 받음에 따라 소요되는 각종 비용	치료받거나 이로 인해 사망이나 후유장애를 입었을 경우 본인이나 가족이 심리적 또는 정신적 고통	더 이상 치료의 효과를 기대할 수 없는 상태에서 피해자에게 남아 있는 신체의 결손이나 기능 감소	사망 시 상실수익액, 유족의 정신적 피해에 따른 위자료와 사망에 따른 직접적 비용인 장례비	상해 또는 질병을 치료하는 동안 일을 못함에 따라 수입이 감소한 부분의 손해

재무적 영향에 따른 위험

위험 관리 규모는 개인뿐만 아니라 **가족 및 사업장의 니즈를 같이 고려**해야 한다.

예를 들어, 자녀 2명이 있는 개인사업자 40대 가장이 뇌혈관 질환으로 더 이상 정상적인 생활이 불가할 경우, 당장 생활비와 자녀 교육비, 대출금 등 가정적 자금 문제 이외에도 사업장 운영의 어려움이 발생할 수 있으므로 관련 내용을 포함하여야 한다.

위험 측정 시 고려사항

보험은 비 오기 전에 준비하는 우산과도 같다.

지금은 비가 오지 않더라도 장마철을 대비해 미리 우산을 준비하여야 한다. **장마철에 연평균 강수량 40% 이상의 비가 쏟아진다.** 그런데 미리 준비한 우산이 구멍이 나 있어 정작 비가 왔을 때 내리는 비가 다 샌다면 너무 속상하지 않겠는가?

인생에는 여러 가지 위험이 있다. **질병, 재해뿐만 아니라 조기사망 위험, 배상책임 위험** 등 다양한 위험을 막기 위해 어떤 내용으로 준비해야 하는지 알고 있어야 한다.

미래를 위한 우산

[출처: 건강보험 통계연보, 2017년]

연도별 노인 진료비

건강보험공단에서 발표한 '2017 건강보험 통계연보'에 따르면 **2017년 65세 이상 노인 인구는 6,806천 명**으로 전체 대상자의 **13.4%**를 차지한다. 노인 인구 증가는 노인 진료비 증가로 이어져 **2017년 노인 진료비는 28조 3,247억원**으로 **전체 진료비**(69조 3,352억원) **대비 41%**를 차지하고 있다. 즉, 노인은 인구 대비 진료비가 높다는 것이다. 그래프를 보면 **전년 대비 노인 진료비는 평균 11.48% 정도로 꾸준히 상승**하는 것을 볼 수 있다.

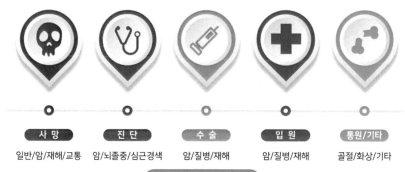

사 망	진 단	수 술	입 원	통원/기타
일반/암/재해/교통	암/뇌졸중/심근경색	암/질병/재해	암/질병/재해	골절/화상/기타

주요 보장 내용

우리는 앞선 통계자료를 통해 재무적 리스크를 주는 질병 및 사고를 다음과 같이 구분할 수 있다.

재무적 위험 크기 및 중요도에 따라 **사망, 주요 질병 진단, 수술, 입원, 기타**로 보장설계해야 한다.

보험의 보장 기간 선택!

옆집 아이는 늘 집에만 있었다. 한창 나가서 뛰어 놀 나인데 늘 집에서 게임만 하는 듯했다.
심장병을 앓고 있다는 걸 나중에 알게 되었다. 좀 내성적인 친구인 줄로만 알았는데 몹쓸 병을 앓고 있다니 안타까웠다. 그러고 보니 얼굴색이 유난히 흰 것도 같았다. 입술이 파랬던 것 같기도 하고…. 태어난 아이가 몸무게가 늘지 않고 숨도 가쁘게 쉬어서, 검사를 해보니 선천성 심장 질환(심실중격결손증)이었다고 한다. 아이 엄마는 아이가 커갈수록 걱정이 된다고 했다. 태아보험으로 준비해 둔 덕에 병원비 걱정 덜고 살아왔는데 혹시 스무 살이 지나서도 큰 수술하게 될까 봐 걱정이란다. 태아 때 준비해둔 보험의 만기가 아이의 나이 스무 살이라서. 이제 보험 가입이 안 될 것 아니냐며 한숨이 절로 난단다.

어린이보험은 진화해왔다. 소아암에 대한 보장이 큰 축이었고 소소한 입원원 때마다 병원비를 보장해주었다. 그러다가 배 속에 있는 태아도 가입이 가능하게 되었다. 주민등록번호가 나오는 날, 정식으로 남녀 구분이 되면서 여아의 경우 몇 개월간 납입한 남아 보험료와의 차액을 돌려받게 되었다. 그러다가 시간이 지나면서 어린이보험은 성인이 되면 보장이 끝나는 것이 아니라 100세까지 보장하는 것으로 바뀌었다. 지금은 당연하게 받아들여지지만, 100세 보장이 나왔던 초창기엔 '그렇게 길게까지 보장받으려 보험료를 많이 낼 필요가 뭐 있어? 스무 살 넘어가면 성인보험에 새로 가입하면 되지'라며 저렴한 기존의 20년, 30년 만기의 보험을 권유하는 설계사들도 많았다.

보험은 어차피 리스크에 대비하는 것이니 최악의 상황을 가정해서 대비하는 것이 현명하겠다. 없다면 모를까 선택할 수 있다면 보장이 길어야 한다. 무조건!

어린이 보험뿐만 아니라 **대부분의 보험은 보장 기간이 길수록 좋다.** 선택할 수 있을 때 하지 않으면 나중에는 선택권이 주어지지 않을 수도 있으니. 물론 보험료에 대한 고민이 해결되어야 한다. 우선순위에서 밀어내지만 않는다면 현명한 선택을 할 수 있다.

모두가 경제활동할 동안, 힘들어도 보험료 납입은 다 끝내고 이후에는 평생 보장받으면서 늙어가면 좋겠다. 아프면 맘껏 병원 가고 누구 눈치 볼 것 없이 당당하면 좋겠다. 아픈 내 몸이 현금을 만들어내는 그런 시스템! 진짜 보험의 효력은 그때부터 발휘되는 것이다.

'어릴 때 앓았던 병도 흙 밟고 다니면 다 낫는다'라고 옛날 어른들이 말씀하셨다. 미신 같기도 한 말이지만 믿고 싶다. 옆집 아이가 흙 밟고 뛰어 놀면서 걱정 없이 어른이 되길 바란다.

Part 2
보상

주요 질병과 보험

	남		여	
암	188.8	1위	117.2	암
심장 질환	56.9	2위	59.4	심장 질환
뇌혈관 질환	44.2	3위	47.4	뇌혈관 질환
고의적 자해(자살)	36.2	4위	30.8	폐렴
폐렴	33.6	5위	19.2	당뇨병
간 질환	20.2	6위	15.0	고의적 자해(자살)
당뇨병	19.2	7위	14.6	고혈압성 질환
만성 하기도 질환	17.1	8위	13.4	알츠하이머병
운수 사고	14.7	9위	10.3	만성 하기도 질환
추락	7.5	10위	8.1	패혈증

[출처: 통계청, 2016년 / 단위: 인구 10만 명당 명]

사망 원인 통계

우리나라 사망 원인 **1위는 암이며, 2위는 심장 질환, 3위는 뇌혈관 질환**으로 3대 질병 사망은 **전체 사망률의 47%**를 차지한다. 3대 질병은 발병률 자체도 높지만 사망으로 이어질 수 있으므로 환자뿐만 아니라 가족들에게 심적, 재정적 부담을 줄 수 있다.

그렇기 때문에 3대 질병에 대한 보험 가입은
선택이 아닌 필수라고 할 수 있다.

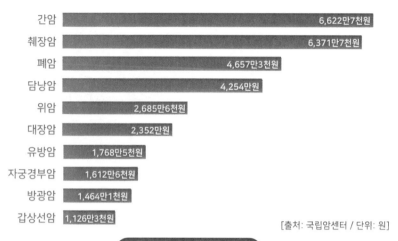

간암	6,622만7천원
췌장암	6,371만7천원
폐암	4,657만3천원
담낭암	4,254만원
위암	2,685만6천원
대장암	2,352만원
유방암	1,768만5천원
자궁경부암	1,612만6천원
방광암	1,464만1천원
갑상선암	1,126만3천원

[출처: 국립암센터 / 단위: 원]

종류별 암 치료비용

우리나라에서 가장 높은 사망률을 차지하는 원인은 암이다.

암이 발병할 경우 수술 및 입원 등 관련 진료비가 매우 높다. 하지만 건강보험으로 일부를 지원받을 수 있기 때문에 단순 수술비 및 입원비 부담은 일부 덜 수가 있다. 최근 일부 암을 제외했을 때 평균 암의 5년 생존율이 70%가 넘어가고 있다. 그런데 암은 재발 가능성이 높으며, 스트레스 관리가 필수이기 때문에 암 환자가 생존하더라도 암 발병 전의 경제활동능력을 되찾기는 어렵다.

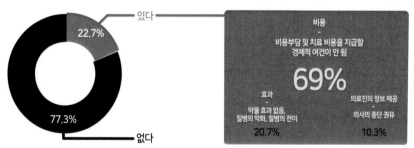

[출처: KCCA]

비급여 항암치료 중단 경험과 이유

암 치료비의 71.6%가 비급여 항암제지만 지급일까지 많은 기간이 걸려 기다리기엔 비용이 부담스러운 암 환자들은 비급여 항암치료를 중단하기도 한다. 이 때문에 **가장 발병률이 높은 암에 대한 보장 가입은 필수라고 할 수 있다.** 암 보장 규모는 가정 및 환경에 따라 다르겠지만 최소 연봉 이상 가입하는 것을 추천하며, 고액 암(간, 췌장, 폐)은 추가 가입을 함으로써 보장받는 것을 권장한다.

3대 질병

암 못지않게 **혈관 질환의 발병률도 높아지는 추세**인데, 암은 수술로 치료가 가능하고 생존율도 계속 높아지고 있지만, 뇌혈관 질환과 심장 질환인 경우 수술 후에도 **후유장해가 남을 가능성이 높기 때문에 발병 후 재활까지 상당한 시간과 비용이 발생한다.**

뇌혈관 질환을 보장하는 내용은 크게
뇌졸중, 뇌경색, 뇌출혈이 있다.

최근 뇌경색 발병률이 급증하면서 뇌출혈만 보장해주는 상품이 많이 출시되고 있다. 뇌경색은 허혈성 뇌졸중으로도 불리며, 뇌출혈은 출혈성 뇌졸중으로도 불린다. 뇌졸중은 뇌경색과 뇌출혈을 전부 포함하고 있으므로 **가입할 보험 또는 가입한 보험이 뇌졸중 보장 상품인지, 뇌출혈 보장 상품인지 정확하게 파악하며 잘 살펴보아야 한다.**

심장 질환을 보장하는 내용은 크게
허혈성 심장 질환과 급성 심근경색이 있다.

심장의 혈관이 막히는 정도에 따라 관련 질환을 구분할 수 있는데 허혈성 심장 질환이 심근경색보다 더 넓은 심장 질환을 보장해주고 있다. 뇌혈관 질환 및 심장 질환의 경우 보통 **보험가입자의 연봉만큼 보장받을 수 있는 상품에 가입하는 것을 권장한다.**

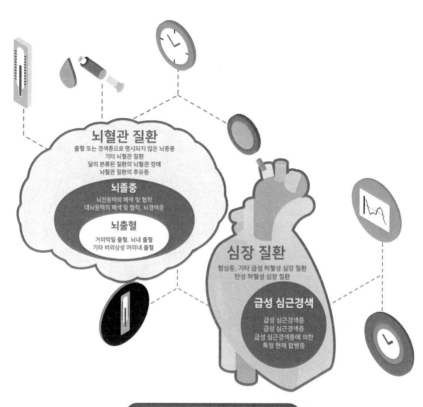

뇌혈관 질환
출혈 또는 경색증으로 명시되지 않은 뇌중풍
기타 뇌혈관 질환
달리 분류된 질환의 뇌혈관 장애
뇌혈관 질환의 후유증

뇌졸중
뇌전동맥의 폐색 및 협착
대뇌동맥의 폐색 및 협착, 뇌경색증

뇌출혈
거미막밑 출혈, 뇌내 출혈
기타 비외상성 머리내 출혈

심장 질환
협심증, 기타 급성 허혈성 심장 질환
만성 허혈성 심장 질환

급성 심근경색
급성 심근경색증
급성 심근경색증
급성 심근경색증에 의한
특정 현재 합병증

뇌혈관 질환과 심장 질환

구분	생명보험	손해보험
일반 암의 범위	손보사보다 좀 더 넓은 보장 금액	생보사보다 좀 더 넓은 일반 암
뇌 질환	뇌출혈만 보장	뇌혈관 질환, 뇌졸중 보장
심장 질환	급성 심근경색만 보장	허혈성 심장 질환, 급성 심근경색 보장

생명보험 VS. 손해보험

생명보험과 손해보험에서의 3대 질병 보장 범위 또한 다르니
표를 보고 자신에게 적절한 교집합을 찾아야 한다.

생명·손해 보험

보험 상품은 크게 생명보험과 손해보험으로 나뉜다.

보험사마다 보장 내용이 다르니 무조건 한 보험사 상품이 좋다고 이야기할 수 없으며, 각 보험사마다 제공하는 보장 범위 및 특징을 이해하는 것이 중요하다.

상품별, 회사별 차이가 있는 내용으로 보편적인 비교임을 양지하고 자세한 내용은 약관을 참고해야 한다.

생명보험

손해보험

생명보험과 손해보험

생명보험이란 **사람의 생존과 사망에 대한 보험**이다. 보통 생명보험은 피보험자가 사망하거나 일정한 나이까지 살아 있을 때 약정한 보험금을 지급하는 정액보험이다.
생명보험은 중복이 기본적으로 가능하며, 주식, 채권에 투자해 운용 실적에 따라 보험 가입자에게 투자 성과를 나눠주는 변액보험도 생명보험의 한 상품이다.

손해보험은 **사고로 인한 손해를 배상하는 보험**으로 실제 손해액을 지급하는 실비 보험이다.
사람 외의 자동차, 주택 등 소비자 재산과 직접적인 영향이 있는 상품도 손해보험의 한 상품이다.

사망의 범위는 손해보험의 보장 내용보다 **생명보험의 보장 내용이 더 크다.**

사망은 크게 일반사망과 질병사망, 상해사망, 재해사망으로 나눌 수 있는데, **일반사망**이라 함은 **사망 사유와 관계없이 보험금을 받을 수 있는 보장으로 생명보험에서만 가입이 가능하다.** **상해사망**은 **우연하고 급격한 외래의 사고의 상해로 인한 사망이며, 재해사망**은 **사고로 인한 사망과 더불어 천재지변, 유행병 등으로 사망했을 때 보장받을 수 있다. 질병사망**은 **질병으로 인한 사망**을 말한다.

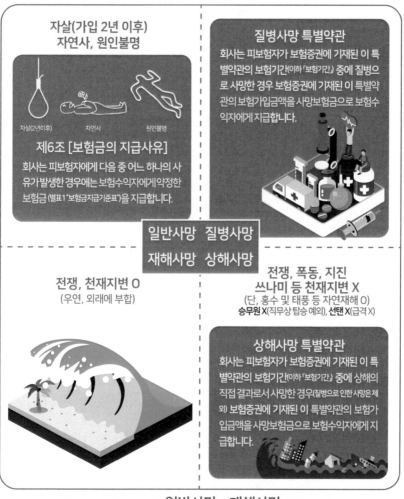

생명보험은 일반적으로 일반사망과 재해사망을 보장하며,
손해보험은 질병사망과 상해사망을 보장한다.

대한민국 사망 원인을 살펴보면 1위가 암이고, 2위는 심장 질환, 3위가 뇌혈관 질환이다. 그중 **심장 질환과 뇌혈관 질환에 대한 보장은 각 보험사마다 차이가 있다.**

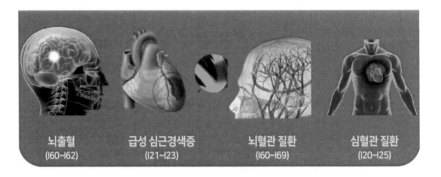

뇌출혈
(I60~I62)

급성 심근경색증
(I21~I23)

뇌혈관 질환
(I60~I69)

심혈관 질환
(I20~I25)

혈관 질환

심장 질환은 크게 협심증, 급성 심근경색이 있다. 심장에 무리가 있어 진료를 받았는데 협심증인 경우 보험사마다 보장이 다를 수 있다. **손해보험인 경우** 상품 및 특약에 따라 차이는 있으나 **허혈성 심장 질환 및 급성 심근경색 보장을 선택하여 가입**할 수 있지만 **생명보험인 경우 급성 심근경색만 보장**해주는 것이 일반적이다.

뇌혈관 질환도 심장 질환과 동일하게 **손해보험 상품의 보장 범위가 더 넓은 편**이다. 뇌혈관 질환을 뇌출혈, 뇌경색으로 나눌 수 있는데, 뇌출혈은 혈관이 터진 현상이며 뇌경색은 막히는 증상이다. 최근 식습관 등 환경변화로 뇌경색 발생 빈도가 증가하면서 **생명보험 상품**은 일반적으로 **뇌출혈만 보장**해주는 편이며, **손해보험은 뇌출혈, 뇌경색을 다 보장하는 뇌졸중 담보를 제공**하고 있다.

또한 **생명보험의 CI 보험인 경우** 급성 심근경색 및 뇌출혈이라 하더라도 **추가적인 증상이 더 발생해야 지급**해주는 보험도 있기 때문에 관련 내용을 잘 살펴보고 가입해야 한다.

입원과 수술 보장도 각 보험사마다 차이가 있다. 일반적인 **생명보험은 3일 초과 입원 시 입원비가 지급**되며, **손해보험은 당일부터 입원비가 지급**된다. 입원 한도 또한 **생명보험은 120일**이며, **손해보험은 180일** 기준으로 보장해준다. 생명보험 수술은 1~3종, 1~5종, 1~7종 등 **위험 등급별** 수술 내용을 열거하여 보험금을 지급하며, 손해보험은 **질병 수술, 상해 수술 등 2개로 구분**하여 수술비를 지급하고 있다.

입원 & 수술

납입면제

생명보험과 손해보험의 **최근 상품에는 '납입면제'라는 특약**이 있다.

납입면제는 어떤 질병이나 사고가 발생한 경우 보험료에 대한 납입을 면제해주는 특약인데, 이 또한 보험사마다 차이가 있다. **생명보험은 보험료 납입면제는 물론 보험료 납입 금액 적립**까지 해주는 반면, **손해보험은 보험료 납입면제만** 해주고 있다.

실손보험

실손보험은 **전 국민 3,000만 명 이상이 가입한 보험이다.**
건강보험 보장률은 2014년 기준 63% 수준이며 나머지 36%를 실비보험으로 해결하고 있다. 그
런데 **언제 가입했느냐에 따라 보장받는 내용이 다르다.**

그러므로 실손보험의
역사와 변경된 내용을 알고 있어야 한다.

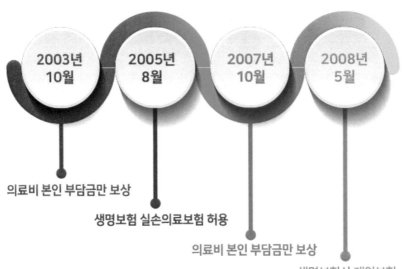

의료비 본인 부담금만 보상

생명보험 실손의료보험 허용

의료비 본인 부담금만 보상

생명보험사 개인보험
실손의료보험 판매 개시

실손보험 역사

초기 실손보험은 **의료비에 대해 자기부담금과 공단부담금 모두 보장을** 해주었다. 그리고 **2005
년 8월** 생명보험사의 실손의료보험이 허용되었다. 실손보험 보장은 보험료 부담을 줄이기 위해
자기부담금 증가, 보장 세분화, 보장 한도 축소를 진행하며 변천해왔다. **2008년 5월 생명보험
사의 개인보험 실손의료보험 판매가 시작됐고, 2009년 7월과 9월에는 실손의료보험이 전면 개
정**되었다.

2009년 10월에는 실손보험 1차 표준화가 시작되었고, 2013년 1월 표준형 실손보험 상품이 판매되면서 2차 표준화를 실시하였으며, 실손 단독 상품이 판매되기 시작했다. 2016년 1월 일부 정신 질환 등까지 보장이 확대되었고 2017년 4월에는 특정 치료 자기부담률이 30%로 변경되었다.

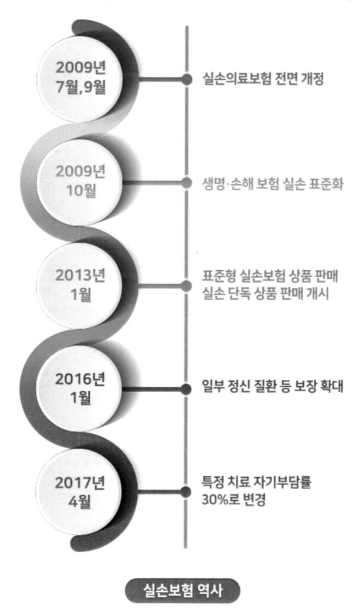

2009년 7월,9월 — 실손의료보험 전면 개정

2009년 10월 — 생명·손해 보험 실손 표준화

2013년 1월 — 표준형 실손보험 상품 판매 실손 단독 상품 판매 개시

2016년 1월 — 일부 정신 질환 등 보장 확대

2017년 4월 — 특정 치료 자기부담률 30%로 변경

실손보험 역사

2009년 10월 1차 표준화 때 **자기부담금 기준이 처음 생겨났으며**, 2015년 9월에 자기부담금이 **20%로 늘면서 보상범위가 축소**되었고, 2017년 4월 이후 **자기부담금이 30%로 늘면서 보상 범위가 크게 축소**되었다.

~2003.09.30.	본인부담금 + 공단부담금 보상 / 자동차&산재 사고 시 100% 보상 / 입통원 구분 없이 보상
2003.10.01.~	본인부담금만 100% 보상 / 모든 실손보험 비례보상 / 자동차&산재 사고 시 50% 보상 / 해외진료비 40% 보상
2009.10.01.~	본인부담금만 90% 보상 / 통원 진료비 1~2만원 공제 / 약제비 8천원 공제 / 해외진료비 면책 (2009.08.01.이후) / 한방, 치과, 치매, 항문 관련 질환 부책 (단, 급여부분의 본인부담)
2013.04.01.~	1년 갱신 / 15년 만기
2015.09.01.~	자기부담금 20% 확대
2016.01.01.~	퇴원 시 처방받은 약값도 최대 5천만원까지 보장 / 우울증, 주의력결핍 과잉행동장애(ADHD) 등 일부 정신질환보장(급여 부분) 신설 / 입원의료비 보장기간 확대 / 해외 장기 체류 시 보험료 납입중지 가능
2017.04.01.~	기본형 + 특약 구조로 변경 / 자기부담율 30% 증대 / 특약 1(도수, 체외충격파, 증식치료), 특약 2(비급여 주사제), 특약 3(비급여 MRI 검사)

한눈에 보는 실손보험

소위 2009년 이전 상품을 '구 실손'이라고 하며,
이후 상품을 '표준화 실손'이라고 한다.

표준화란 [생손보 표준약관 적용으로 **어느 회사에 가입해도 같은 보장을 받는다**]라는 의미이다. 표준화 실손이 실시되면서 **자기부담금은 생겼지만** 치질 항문 관련 질환 및 치매, 우울증 같은 **정신과 질환 보장이 추가되어** 어떤 실손이 **무조건 좋다고 판단하기는 어렵다.**

실손보험 기본 보장 내용을 자동차보험의 변천 과정으로 이해하면 보다 쉽게 파악될 것이다. 자동차보험도 실손보험과 동일하게 변화되었다. 구 실손의 경우 일반 상해 의료비 보장으로 **본인부담금뿐만 아니라 공단부담금을 지원**해주었는데 표준화 실손 이후에는 **본인 부담금 중 일부만 보장**해주며 한도가 생겨났다. 하지만 **한방 치료 및 치과 치료 일부를 지원**해주는 항목이 새로이 생겼다.

2016년 1월 실손보험 약관 내용이 변경되었는데, 가입자의 과잉 의료비 지출을 방지하기 위해 **일부 항목을 열거하여 보장을 제외하는 내용을 추가**하였다. 대표적으로, 자유로운 의사결정을 할 수 있는 자가 스스로 자신을 해친 경우나, 보험수익자가 피보험자를 해친 경우, 해외 의료기관 진료비용 보장 등의 내용을 추가하였다.

1, 2차 표준화 이전 실손보험은 자동 갱신이지만 **2013년 4월 이후 가입했다면** 15년 만기 전 2회 이상 재가입 여부를 확인하는 내용을 서면 및 등기우편, 전화 또는 전자우편으로 알리고 **계약자는 종료 30일 전까지 별도로 재가입 의사를 표시해야 한다. 의사 표시가 없을 경우에는 재가입하지 않는 것**으로 간주한다.

유병자 보험 전성시대!

오랜만에 부부가 함께한 자리였다. 은퇴 후 제2의 인생을 준비하시는 남편분은 부쩍 여위어 있었다. 사모님 혼자 좋은 건 다 드시는 것 아니냐며 타박을 하며 즐거운 식사 자리를 보내는 중이었다. 한참을 즐겁게 보내다가 보험 이야기가 나왔다. 남편분은 실손보험이 없었다. 고혈압 약을 복용한 지 10년이 넘었고 그래서 실손보험 가입의 붐이 일었을 때에도 그 이유로 가입이 안 된다 해서 그렇게 알고 10년 이상을 남들 다 갖고 있다는 실손보험 하나 없이 살았다. 희소식을 알려드렸다. 올해부터 유병자도 실손보험 가입이 가능하다고. 당장에 가입해야겠다 하시는 그 얼굴이 미소로 가득했다.

누구든 젊어서는 건강을 자신한다. 건강을 잃고 나면 자신감도 없어지는 반면, 아이러니하게 삶에 대한 애착 또한 가득하게 된다. 보험이 충분하다고 생각했다가도 건강을 잃고 나면 모든 보장 금액이 아쉽게 느껴진다. 하지만 이미 가입 시기를 놓친 걸 깨닫는다.

보험회사의 입장에서 건강한 고객과 질병을 앓고 있는 고객을 같은 기준으로 보장해줄 수는 없는 일이다. 보험금이 발생할 확률의 측면에서 불공평하기 때문이다. 이러한 이유로 보험회사는 **언더라이팅**이라는 걸 하게 된다. 보험 가입에 필요한 사항들을 심사하는 과정을 말하는데, 과거에는 생활질환(고혈압, 당뇨 등)을 갖고 있는 고객들의 위험률을 이유로 건강보험류의 가입이 거절되는 경우가 대부분이었다. **하지만 최근에는 대부분의 보험회사에서 간편심사보험을 취급**하고 있다. 질병을 가지고 있다 하더라도 몇 가지 사실만 고지하면 간편하게 가입을 할 수 있다. 예를 들어 고혈압약을 먹고 있는데도 뇌·심혈관 보장을 받을 수 있고, 암 완치 후 5년이 지났다면 암보험의 가입이 가능하다. 고연령자도 필요한 보장을 받을 수 있도록 언더라이팅이 세분화되었다. 수많은 유병자들에게는 희소식이고 다양한 회사의 보장 내용을 비교해서 고를 수 있는 선택의 폭도 누리게 되었다. 다행스러운 일이다.

남편분은 상대적으로 보장 범위가 좁은 유병자용 실손보험이 아니라 일반실손보험을 할증(보험료를 건강한 고객보다 더 부담하는)의 형태로 가입을 하게 되었다. 보험회사들이 계속 분발해서 다양한 언더라이팅 기준으로 고객들의 보장에 공백이 생기지 않도록 노력해주었으면 하는 바람이다.

사망보험금은 얼마가 적당할까?

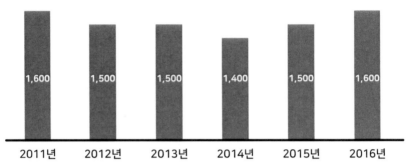

2011년	2012년	2013년	2014년	2015년	2016년
1,600	1,500	1,500	1,400	1,500	1,600

* 본 통계는 사망보험금에서 사망 건수를 나눈 금액으로 환급금과 배당금은 포함되어 있지 않다.

[출처: 보험개발원 보험통계포털 사이트, 2016년 / 단위: 만원]

정기보험 1인당 사망보험금 지급 내역

통계자료에 따르면 **한 사람당 평균 사망보험금이 2천만원도 되지 않는 것**으로 집계되었다. 가장의 유고는 한 가정의 경제적인 문제로 이어질 수 있기 때문에 중요한 부분일 수 있는데, 2천만원의 보험금은 결코 많다고 할 수 없다.

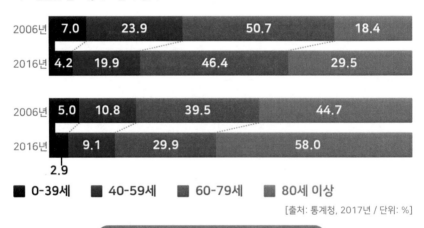

| 2006년 | 7.0 | 23.9 | 50.7 | 18.4 |
| 2016년 | 4.2 | 19.9 | 46.4 | 29.5 |

| 2006년 | 5.0 | 10.8 | 39.5 | 44.7 |
| 2016년 | 2.9 | 9.1 | 29.9 | 58.0 |

■ 0-39세 ■ 40-59세 ■ 60-79세 ■ 80세 이상

[출처: 통계청, 2017년 / 단위: %]

남녀 연령별 사망자 수 구성비 추이

최근 통계를 살펴보면 평균수명이 늘어나면서 조기 사망률이 예전 대비 많이 낮아진 것을 볼 수 있다. 하지만 여전히 **경제활동기인 60세 미만 남자의 사망률이 ¼을 차지**하고 있다.

우리나라는 현재 **50대 사망률이 가장 높은 편이며, 남자가 여자보다 조기 사망 확률이 높은 것**으로 나타난다.

순위	사망 원인	사망자 수	사망률
1	악성신생물	78,194	153.0
2	심장 질환	29,735	58.2
3	뇌혈관 질환	23,415	45.8
4	폐렴	16,476	32.2
5	고의적 자해(자살)	13,092	25.6
6	당뇨병	9,807	19.2
7	만성 하기도 질환	6,992	13.7
8	간 질환	6,798	13.3
9	고혈압성 질환	5,416	10.6
10	운수 사고	5,150	10.1

[출처: 통계청 / 단위: 인구 10만 명당 명, %]

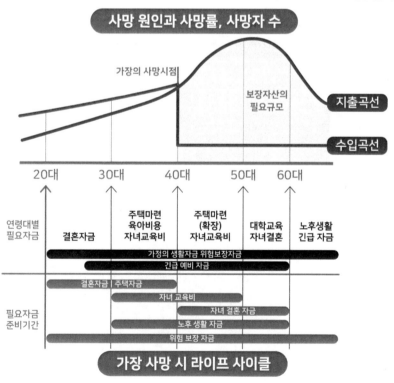

사망 원인과 사망률, 사망자 수

가장 사망 시 라이프 사이클

가장이 사망하게 되면 가장의 수입이 끊기므로 유가족의 생활비는 물론 자녀교육비 문제, 배우자 노후 문제 등 다양한 경제적 리스크가 발생한다. 재무설계 관점에서는 가장의 **사망보험금 적정 규모는 최소 연봉의 3배수 이상**으로 본다. 따라서 이에 상응하는 규모의 보험에 가입하는 것을 권한다.

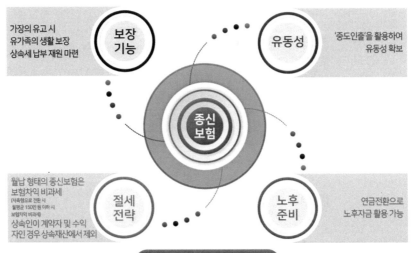

가장의 유고 시
유가족의 생활 보장
상속세 납부 재원 마련

**보장
기능**

유동성

'중도인출'을 활용하여
유동성 확보

**종신
보험**

월납 형태의 종신보험은
보험차익 비과세
(저축성으로 전환 시
월평균 150만 원 이하 시
보험차익 비과세)
상속인이 계약자 및 수익
자인 경우 상속재산에서 제외

**절세
전략**

**노후
준비**

연금전환으로
노후자금 활용 가능

종신보험 자금 운영

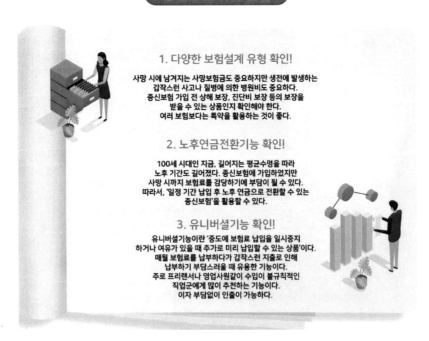

1. 다양한 보험설계 유형 확인!

사망 시에 남겨지는 사망보험금도 중요하지만 생전에 발생하는
갑작스런 사고나 질병에 의한 병원비도 중요하다.
종신보험 가입 전 상해 보장, 진단비 보장 등의 보장을
받을 수 있는 상품인지 확인해야 한다.
여러 보험보다는 특약을 활용하는 것이 좋다.

2. 노후연금전환기능 확인!

100세 시대인 지금, 길어지는 평균수명을 따라
노후 기간도 길어졌다. 종신보험에 가입하였지만
사망 시까지 보험료를 감당하기에 부담이 될 수 있다.
따라서, '일정 기간 납입 후 노후 연금으로 전환할 수 있는
종신보험'을 활용할 수 있다.

3. 유니버셜기능 확인!

유니버셜기능이란 '중도에 보험료 납입을 일시중지
하거나 여유가 있을 때 추가로 미리 납입할 수 있는 상품'이다.
매월 보험료를 납부하다가 갑작스런 지출로 인해
납부하기 부담스러울 때 유용한 기능이다.
주로 프리랜서나 영업사원같이 수입이 불규칙적인
직업군에게 많이 추천하는 기능이다.
이자 부담없이 인출이 가능하다.

4. 보험사의 안정성 확인!

사망 시 보험금을 받는 종신보험은 그 기간이 오래되는 만큼,
큰 돈을 보장받는 보험인 만큼 안심할 수 있는 보험사를
선택하는 것이 중요하다. 해당 보험사의 누적 가입자 수,
자산 규모, 설립 연도 등을 보며 충분히 신뢰할 수 있는지
금융감독원 또는 보험통계포털사이트에서
객관적인 자료를 보며 판단 후 가입하는 것이 좋다.

5. 비과세 활용!

또한 종신보험은 비과세 한도의 적용을 받지 않기 때문에
비과세 상품으로도 활용할 수 있다.

가입 시 체크리스트

나 죽으면 7억원 보험금 나와!

아는 동생이 보험 점검을 청해왔다. 백화점에서 의류 매장을 하다 보니 단골 고객의 권유를 매번 거절할 이유도 대기 힘들어 여기저기 보험을 많이 든 것이었다. 매출이 줄어든 데다 아이들 학원비가 갈수록 늘어나니 매월 납입하는 보험료가 부담이 된다며 꼭 필요한 보험만 가려 달라고 한다. 그득한 보험 증권을 일일이 펴보니, 두 아이의 어린이보험은 생명보험사, 손해보험사 각 하나씩 알뜰히 잘 들어두었다. 그런데 이 동생은 그야말로 다양하게 중복해서 여러 회사에 가입이 돼 있었다. 계속 납입을 한다면 아이 둘을 키우는 것이 아니라 5명은 대학까지 공부시킬 수 있을 비용이었다. 꼭 필요한 건강보험 둘과 부모의무복무기간 내(內)이니 종신보험 하나, 실손보험만 남기는 것으로 합의를 했다. 그런데 남편의 보험 증권은 보이지 않았다. 경찰서 조사계에 근무하는 신랑은 자기 보험은 자기가 알아서 잘 준비해뒀으니 걱정 말라고 했단다. 여러 번 얘기하는 것도 구차해서 그냥 그대로 지내왔다는데, 남편 나이 마흔다섯을 넘으니 슬슬 걱정이 되기도 한단다. 한 번 찾아가서 살짝 봐달라며 악역을 맡긴다. '아이고! 자기도 못 꺾는 자기 신랑을….' 고집불통의 남편이랑 사는 것은 사춘기 딸이랑 사는 것만큼이나 인내를 요하는 삶이지 싶다. 그러마 하고 시간을 맞춰서 경찰서로 방문을 했다. 잠시 벤치에서 얘기하자고 끌고 나왔다. 물론 보험 증권도 가져오라고 했다. 시간 없다며 앉지도 않고 서서 누런 봉투를 건네는 손. 금방 끝난다고 달래면서 서류를 훑어 내려 가다가 내 눈을 의심했다. 이 똑똑한 사람이 어쩌다….

'휴일교통재해로 사망 시 6억 5천 보장', 15년 납 15년 만기의 단체보험이었다. 가입 당시 설계사가 칠해 놓은 형광펜의 색이 바랜 그 문구를 그는 종교처럼 믿고 있었다. 심지어 만기가 다음달이었다. 다른 보험은 없냐고 물었지만, 그거면 된 것 아니냐고, 자긴 건강하고, 애들 클 때까지 혹시 자기가 죽게 되면 나올 보험금만 있으면 된다는 것이 그의 논지였다. Oh my god!

맞벌이 부부 중에서 가정 경제를 완전히 합치지 않은 집도 많고, 합쳤다고 해도 일방이 거의 모든 의사결정을 하는 집도 많다. 그러다 보면 가정 경제가 악화될 경우 일방의 책임을 묻게 되고 상대는 원망에 사로잡혀 불화로 치닫기도 한다. 소소한 의사결정은 한 명이 하더라도 중요한 것은 미리 의논하고, 그러지 못한 경우 사후에 설명이라도 해주어 서로 내용을 알고 있어야 한다. 특히 **보험은 한 가정의 재무설계 부분 중 가장 기본이 되는 기초공사**이다. 기초공사가 부실하면 아무리 높고 화려한 빌딩이라도 소규모의 지진이나 태풍에 한 번에도 무너질 수 있는 것처럼 가정경제의 기본인 리스크 관리 부분을 미리 챙겨두어야 한다. 10%의 투자가 나머지 90%를 지키는 것이다.

이번을 계기로 그 동생 부부는 머리를 맞대고 앉아서 진지하게 가정 경제를 의논하게 되었다. 삶을 대하는 겸손한 자세! 자신의 보장이 우리 집의 기본 중의 기본인 것을 알게 됐다며 이 똑똑한 경찰관은 감사의 인사를 건네왔다. 해피 엔딩!

CI보험과 GI보험

특정 질병 수술 시 주계약(사망보험금)에서 일정 비율의 금액을 선지급하는 종신보장보험

Critical illness

약관에서 정한 중대한 수술 및 중대한 질병 및 중대한 수술 발생 시 약정한 보험 가입 금액의 일부를 선지급하는 보장보험

General illness

일반적인 질병 및 말기 질환 발생 시 약정한 보험가입 금액의 일부를 선지급하는 보장보험

선지급형 종신보험

CI보험은 **Critical Illness**로 중대한 질병을 보장하는 보험이며, **GI보험**은 **General Illness**로 일반 질병을 보장하는 보험이다. CI보험 및 GI보험은 선지급형 종신보험으로 사고나 질병으로 중병 상태가 계속되었을 때 고액의 생활보험금을 미리 받아 치료는 물론 경제적 부담에서 벗어날 수 있게 한다.

남아프리카 크루세이더(Crusader) 생명보험회사의 의사였던 마리우스 바나드(Marius Banard)가 개발하였습니다. 그는 자신의 환자들이 심장 관련 중병으로 직업을 잃고, 엄청난 치료비 부담으로 생활수준의 급작스러운 하락을 경험하며 빚을 지는 등 정신적, 경제적 곤란을 겪는 것을 보았습니다.

"치명적인 질병의 지속 상태에서는 사후 비용보다
생존을 위한 비용이 환자에게 더 큰 부담이 된다."

그러나, 그 당시 생명보험은 사망할 때만 보험금이 나오는 것이어서 정작 필요할 땐 아무런 혜택도 못 받고 그냥 생활 파탄 상태까지 이르렀습니다. 그는 이를 안타깝게 여겨 중간에 보험금을 받을 수 있는 실질적인 생활보험 상품을 개발하게 되었습니다.

선지급형 종신보험 탄생 배경

CI보험 & GI보험 진단 방식

CI보험과 GI보험의 차이는
질병의 보장 범위**이다.**

CI보험은 질병코드에 '중대한'이라는 단어가 붙어 보장되는 범위가 GI보험 대비 넓지 않다. CI보험이 민원 건수가 높은 이유가 중대한 상태가 아니면 진단비가 나오지 않을 수 있기 때문이다.

	건강보험 및 GI보험	CI보험 (중대한 질병)
암	정상적인 조직 세포가 각종 물리적, 화학적, 생물학적 암원성 물질의 작용 또는 요인에 의해 돌연변이를 일으켜서 과다하게 증식하는 증상	**악성종양세포**가 존재하고 또한 주위 조직으로 악성종양세포의 **침윤파괴적증식**으로 특징 지을 수 있는 악성종양 (초기 전립선암 등 일부 암 제외)
뇌졸중	뇌의 혈액 순환장애에 의하여 일어나는 급격한 의식장애와 운동마비를 수반하는 증상	거미막밑 출혈, 뇌내 출혈, 기타 비외상성 머리내 출혈, 뇌경색이 발생하여 뇌혈액순환의 급격한 차단이 생겨서 그 결과 **영구적인 신경학적 결손**이 나타나는 질병
급성 심근경색	3개의 관상 동맥 중 어느 하나라도 혈전증이나 혈관의 빠른 수축 등에 의해 급성으로 막혀서 심장의 전체 또는 일부에 산소와 영양 공급이 급격하게 줄어듦에 따라 심장 근육의 조직이나 세포가 괴사하는 증상	관상동맥의 폐색으로 말미암아 심장으로의 혈액 공급이 급격히 감소되어 전형적인 **흉통의 존재**와 함께 해당 **심근조직**의 **비가역적인 괴사**를 가져오는 질병 (발병 당시 아래 2가지 특징) 1)전형적인 급성심근경색 **심전도 변화**가 새롭게 출현 2)CK-MB를 포함한 **심근효소**가 발병당시 새롭게 상승

CI보험의 단점

보통 3대 질병인 암 질환, 심장 질환, 뇌 질환에 걸리면 치료비가 만만치 않다. 그런데 이런 질병에 걸리는 경우 CI보험은 '중대한'이라는 단서를 달기 때문에 보장이 되지 않는 경우가 있다. 암 보장도 '침윤파괴적 증식'이라는 단서를 넣어서 제자리 암이나 1차 암인 경우 보장하지 않는다. 뇌 질환도 '영구적인 결손'이라는 단서를 넣어서 일반 뇌 질환일 경우 보장하지 않는다. 심장 질환도 마찬가지로 전형적인 흉통이 계속 있어야 하며 CK-MB라는 심근효소가 추가로 발생해야 보장받을 수 있다. 이런 단서들로 인해 일반적인 3대 질병에 대해서 보장을 못 받는 소비자가 민원을 제기하는 것이다. 여기까지만 보면 이 상품은 안 좋은 상품으로 치부될 수도 있다.

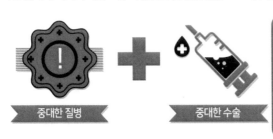

1. 사망보험금 50~80% 선지급
   (상품마다 차이가 있음)

2. 2대 질병 이외 넓은 보장범위
   (말기 신부전증, 말기 폐질환 등)

3. 질병뿐만 아니라 중대한 수술보장으로 넓은 보장범위

중대한 질병		중대한 수술
중대한 3대 질병	루게릭병	관상 동맥 우회술
말기 신부전증	다발경화증	대동맥 인조혈관치환
말기 간 / 폐 질환	원발성 폐동맥 고혈압	심장판막 개심술
중증 재생불량성 빈혈	질병으로 인한 실명	5대 장기 이식 수술
중증 루프스신염(女)		질병으로 인한 족부절단

CI보험의 장점

CI보험은 질병에 대한 보장 범위는 넓진 않지만 중내한 수술에 대한 보장은 잘되어 있다. 중대한 수술에는 관상동맥우회술, 대동맥류인조혈관치환수술 등 생명에 치명적이면서 비용이 많이 발생하는 수술비를 보장해준다.

중대한 질병에 걸렸을 때 사망보험금을 선지급해주는 형태여서 보장 금액도 크다. 또한 중대한 질병인 3대 질병 이외에도 말기 간 질환, 말기 폐 질환, 말기 신부전증을 보장해준다.

CI보험은 중대한 질병 및 수술이 발생한 경우 필요한 보장상품이다.

상품 구조가 종신보험에서 파생되었기 때문에 사망보험금에서 진단 및 치료비가 지급된다.

5대 장기 이식 수술이란, 5대 장기의 만성 부전 상태로부터 근본적인 회복과 치료를 목적으로 관련 법규에 따라 정부에서 인정한 장기 이식 의료 기관 또는 이와 동등하다고 회사에서 인정한 의료 기관에서 간장, 신장, 심장, 췌장, 폐장에 대하여 장기 이식을 하는 것으로 타인의 내부 장기를 적출하여 장기부전 상태인 수혜자에게 이식하는 수술

관상동맥우회술이란, 관상동맥질환의 근본적인 치료를 목적으로 하여 개흉술을 한 후 대복재정맥, 내유동맥 등의 자가우회도관을 협착이 있는 부위보다 원위부의 관상동맥에 연결하여 주는 수술을 말한다. 그러나 카테터를 이용한 수술이나 개흉술을 동반하지 않는 수술은 모두 보장에서 제외된다.

대동맥류인조혈관 치환수술이란, 대동맥류의 근본적인 치료를 목적으로 하여 개흉술 또는 개복술을 한 후 반드시 대동맥류 병소를 절제하고 인조혈관으로 치환하는 두 가지 수술을 해주는 것을 의미한다.
여기서 대동맥류란, 흉부 또는 복부 대동맥을 말하는 것으로 대동맥의 분지동맥들은 제외된다. 또한 카테터를 이용한 수술도 보장에서 제외된다.

심장판막치환수술이란, 심장판막질환의 근본적인 치료를 목적으로 하여 다음의 두 가지 중 한 가지 이상에 해당되는 경우이다.
① 반드시 개흉술 및 개심술을 한 후 병변이 있는 판막을 완전히 제거한 뒤 인공심장판막 또는 생체판막으로 치환하여 주는 수술
② 반드시 개흉술 및 개심술을 한 후 병변이 있는 판막에 대해 판막성형술을 해주는 수술
카테터를 이용한 수술 및 개흉술 또는 개심술을 동반하지 않는 수술

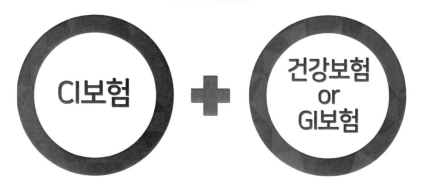

중대한 수술

CI보험 ➕ 건강보험 or GI보험

무조건 좋은 상품도 없지만 무조건 나쁜 상품도 없다. 본인에게 맞는 상품이면 좋은 상품이 될 수 있다. CI보험으로 모든 보장을 대비하기는 어려울 수 있지만

건강보험과 GI보험을 통해 보장을 같이 준비한다면
좋은 보장 솔루션을 가질 수 있을 것이다.

치매보험

오늘 출근길에 **10개**의 편의점을 지나쳐 왔다면
치매 환자를 **180명** 본 것이다.

18배

전국의 편의점 수 | 약 4만개

전국의 치매환자 수 | 약 72만 4천명

[출처: 건강보험심사평가원, 2017년]

치매 현황

고령화사회가 진행되면서 점점 늘어나고 있는 치매 환자는 **2024년이면 100만 명이 넘을 것으로 예상**된다. 노인성 치매 환자가 늘어나는 만큼 **치매 노인의 실종과 사고 외 치료비용 또한 크게 늘어나고 있어서 당사자의 고통도 크지만 돌보는 가족들의 경제적, 정신적, 육체적 고통도 큰 것으로 나타난다.** 이러한 치매를 미리 예방하는 것도 좋은 방법이나 나와 내 가족을 위해 치매보험 상품에 가입하여 보다 안정적인 노후 설계와 치매 질환 대비를 하는 것이 좋다.

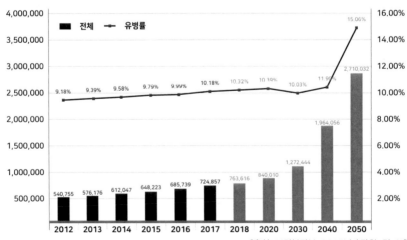

[출처: 보건복지부, 2017년 / 단위: 명, %]

20년마다 약 2배씩 증가하는 치매

보건복지부가 실시한 2017년 치매 유병률 조사 결과를 살펴보면 65세 이상 노인의 치매 유병률은 9.18%로, 환자 수는 54만 1,000명으로 추정된다. 2008년에는 2012년의 기대 유병률이 9.08%(53만 4,000명)이었으나, 2012년 조사 결과는 그보다 높은 유병률을 보였다. **고령화 추세를 고려하면 치매 유병률은 계속 상승하여 환자 수도 2017년 약 72만 명에서 2030년에는 약 127만 명, 2050년에는 약 271만 명으로 20년마다 약 2배씩 증가할 것으로 추산**된다.

치매 특정 증상들의 집합인 증후군을 유발하는 원인 질환을 세분화하면 70여 가지에 이른다.

다양한 치매 원인 질환들 중에서 **가장 많은 것은 '알츠하이머'와 '혈관성 치매'**이지만 그 밖에도 **루이체, 전두측두엽 퇴행, 파킨슨 퇴행성 뇌 질환들과 정상압 뇌수두증, 두부 외상, 뇌종양, 대사성 질환, 결핍성 질환, 중독성 질환, 감염성 질환 등 매우 다양한 원인 질환에 의해 치매가 발생**할 수 있다.

[출처: 보건복지부]

보증금 5천만 ~ 1억원
월 6십만 ~ 7백만원

구분	시설명	형태	입주 보증금	월 비용	위치	운영주체
요양원	삼성노블카운티 너싱홈	4인실	5,000	365	경기 용인	광기재단
		2인실	7,000	423		
		1인실	10,000	650		
	서울요양원	4인실	없음	60~70	서울	국민건강보험공단
		2인실	없음	90~100		
		1인실	없음	105~115		
	성모요양원	4인실	없음	60~70	인천	종교단체
		2인실	없음	90~100		
		1인실	없음	120~130		
요양병원	보바스기념병원	6인실	없음	250	경기 성남	의료재단
		4인실	없음	450		
		2인실	없음	650~700		
		1인실	없음	900		
	상복참노인전문병원	6~8인실	없음	200	서울	의료재단
		4인실	없음	440		
		1인실	없음	720		
	희연병원	4~6인실	없음	90~180	경남 창원	의료재단
		3인실	없음	350~420		
		2인실	없음	440~510		
		1인실	없음	580~630		
	대청요양병원	4인실	없음	100~110	충남 논산	의료재단
		2인실	없음	340		

※ 월 비용은 입소자 / 환자의 의료처방이나 치료형태에 따라 다소 달라질 수 있다.

[단위: 만원]

요양원 & 요양병원 비용

치매 치료를 위해 요양원 및 요양병원에 입원할 경우,
그 비용이 만만치 않기 때문에 **치매보험이 필요**하다.

치매보험으로 보장을 받기 위해서는
장기요양보험등급 또는 CDR 척도를 받아야 한다.

일반적으로 노인장기요양보험은 시설 급여, 재가 급여, 특별 현물 급여로 나뉘며 성격 또한 서로 다르다. 시설 급여는 요양 인정 점수에 따라 1~5등급으로 나뉘며 요양원 입소 시 혜택을 볼 수 있다. 하지만 많은 사람들이 착각하는 것이 1등급을 받으면 요양원에 입소할 때 비용이 줄어들 것이라는 생각인데, **모든 등급은 동일하게 요양 수가의 80%의 지원**을 받으며, 1등급에 가까울수록 어르신 케어에 필요한 더 많은 재원이 필요할 거라고 판단하여, 기본 요양 수가는 더 높아진다.

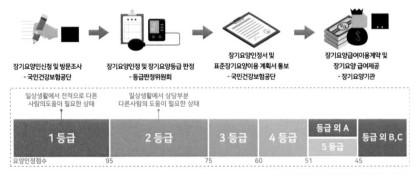

[출처: 장기요양등급 확정 프로세스]

장기요양등급 프로세스

CDR: Clinical Dementia Rating
치매임상평가척도

≫ 기억력, 지남력, 판단력과 문제해결, 사회활동, 가정생활과 취미, 자가관리
6개 영역 점수 종합, 복합점수 계산

점수	0	0.5	1	2	3	4	5
단계	치매아님	불확실 혹은 진단오류	경도의 치매	중증도 치매	중증 치매	심각한 치매	말기 치매

※ 중증 치매 진단비가 지급되려면 CDR 척도로 3점 이상이 되어야 하며 보험에 따라서 90일 이상 중증치매 상태가 지속되거나 180일 이상 중증 치매 상태가 지속될 경우에 지급된다.

CDR 척도

CDR 척도는 **임상 치매 평가 척도**이다.

CDR 척도는 신경정신과 의사나 신경과 전문의 등이 평가하고, 치매라고 하면 CDR 척도 1점부터를 말한다. 대부분의 보험이 CDR 척도 3점 이상이 되어야 진단금을 받을 수 있다.

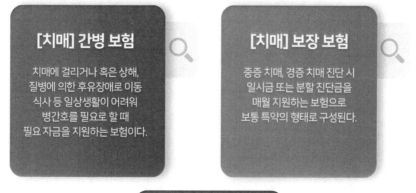

[치매] 간병 보험

치매에 걸리거나 혹은 상해, 질병에 의한 후유장애로 이동 식사 등 일상생활이 어려워 병간호를 필요로 할 때 필요 자금을 지원하는 보험이다.

[치매] 보장 보험

중증 치매, 경증 치매 진단 시 일시금 또는 분할 진단금을 매월 지원하는 보험으로 보통 특약의 형태로 구성된다.

치매 관련 보장 보험

치매 관련 보험으로 **간병보험**과 **치매보험**이 있다.

두 가지 내용을 살펴본 후 본인에게 필요한 보험에 적절히 가입하는 것이 좋다.

100세 시대에
치아는 건강한 장수의 첫 번째 조건이다.

한 치아 관련 업체에서 현재 구강 관리에 따라 향후 치아 개수를 예측하는 실험을 했다. 업체는 35세 남성이 **현재 25개의 치아를 보유**하고 있다면 **30년 뒤 그의 치아는 5개 정도**밖에 남지 않을 것이며, 만약 **32개의 치아를 보유**하고 있다면 **30년 뒤에도 30개 정도**로 건강한 치아를 보유하고 있을 것이라고 실험 결과를 발표했다.

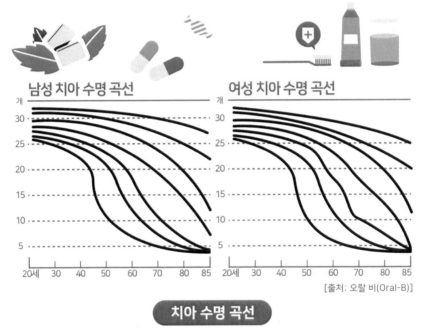

[출처: 오랄 비(Oral-B)]

치아 수명 곡선

보통 치아가 건강하면 오복이 있다고 말을 많이 한다.

실제 인생의 오복(五福)은 수, 부, 강녕, 유호덕, 고종명으로, 치아는 오복에 포함되어 있지 않지만 치아가 건강해야 몸 전체가 건강하고 천수를 전부 누릴 수 있다고 생각하는 사람이 많기 때문에 이런 이야기가 전해져 오는 듯하다.

순위	질병명	그래프	진료 인원(명)	증감률(%)
1	본태성(원발성)고혈압		2,580,630	5.9
2	치은염 및 치주질환		2,373,454	15.7
3	급성 기관지염		1,908,998	7.5
4	등통증		1,491,379	8.6
5	무릎관절증		1,471,238	8.4
6	2형 당뇨병		1,100,525	14.7
7	위염 및 십이지장염		1,088,359	4.7
8	치아 및 지지구조의 기타 장애		1,016,959	26.3
9	위-식도 역류병		984,362	8.5
10	기타 척추병증		982,519	11.8

[출처: 건강보험심사평가원, 2017년]

65세 이상 다빈도 질병

	현존 자연치아 수	20개 이상 보유율	의치 필요자율	무치아 환자율
전체	17.5	54.7	22.7	9.2
남자	17.3	55.5	25.7	11.1
여자	17.6	54.2	20.4	7.8

[출처: 치과의료정책연구원, 2015년]

65세 이상 치아 상실 표

65세 이상 다빈도 진료를 살펴보면 치과 치료가 두 번째로 많다.

65세 노인의 치아 상태를 살펴보니 **평균 17개**로 사람의 영구치 개수인 28개(사랑니 포함 32개) 대비 **10개 이상 부족한 편이며, 치아가 없는 노인이 10% 넘는 수준이니 치아 관리가 매우 중요 하다고 볼 수 있다.** 미국의 한 연구기관에 따르면 **치아 하나의 경제적 가치는 3만 달러**라고 한다.

치아보험의 필요성은 노인에게만 국한되는 것이 아니다.

현재 치료비 중 건강보험공단부담비가 낮은 치료가 바로 치과 치료이다. 그만큼 **본인 부담 진료비가 크다**고 할 수 있다. 건강보험공단 비급여 항목인 **임플란트, 브릿지, 틀니, 크라운 등은 치료비가 비싸다.**

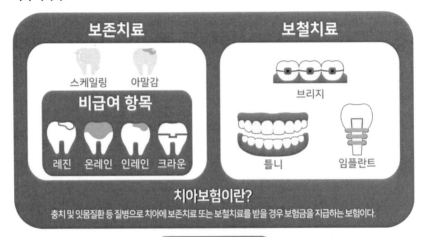

치과 치료 항목

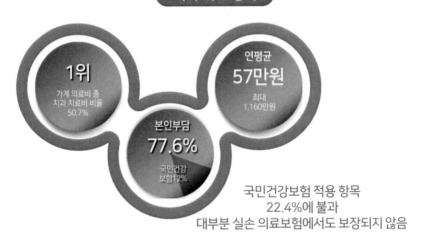

한 해 치과 치료비

현재 치아보험의 중요성이 높아지면서 많은 보험사들이 치아보험 상품을 출시하고 있는데, **치아보험은 크게 진단형과 무진단형으로 나눌 수 있다.**

진단형은 **보험 가입 전 치과를 방문하여 진료카드를 작성한 뒤 가입하는 형태**이고, **무진단형**은 **사전 진단 없이 보험에 가입**을 하지만 **면책 기간을 두어 면책 기간 이후 보장해주는 형태**이다.

충치 및 기타 치아질환 등으로 인해 치아의 손실이 발생할 경우, 발치 없이 치료하여 치아를 보존함으로써 건강한 치아상태를 유지하는 치료

크라운

충전

아말감

인레이

온레이

충치나 발치 또는 외부 충격으로 치아의 손실이 크거나 치아를 상실했을 경우, 인공적인 치아를 만들어 대체하는 시술

임플란트

브릿지

틀니

보존 치료 & 보철 치료

구분	무진단형			진단형		
	면책기간	감액기간	보장한도	면책기간	감액기간	보장한도
보철치료 (임플란트, 브리지, 틀니)	가입 후 1~2년		있음	없음	없음	무제한
보존치료 (크라운. 충전 및 발치)				없음	없음	무제한

무진단형 & 진단형

상품마다 보장 기간, 보장 횟수, 보장 금액에 **차이**가 있으니
자세히 살펴보는 것이 중요하다.

가성비 좋은 보험

경기 불황으로 보험 유지가 어려워진 가계가 많아져 2018년 4월 효력상실해지금액이 170조를 돌파했다. 가계들은 정기 지출 중 선택 지출을 줄이며 당장 눈에 보이지 않는 위험에 대한 대비책인 보험(부담스러운 보험료)을 가장 먼저 없앤 것이다. 이번 편에서는 가성비 좋은 보험을 소개하여 보험의 부담금을 줄이는 방법을 소개하겠다.

첫 번째는 **다이렉트보험**이다.

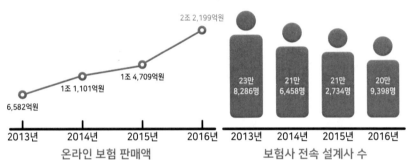

[출처: 생명·손해보험협회]

다이렉트보험이란 설계사나 대리점 등의 중간 유통 단계를 없애고 **온라인으로 고객과 보험회사가 직접 접촉하여 가입하는 보험** 상품이다. 다이렉트보험은 주로 자동차보험이지만 그 외에 운전자보험, 의료실비보험, 치아보험 등도 있다.

장점	단점
- 사라진 유통단계로 저렴한 보험료 - 가입자의 편의에 따라 유선상으로 쉽게 가입 가능 - 가입자 본인에게 적합한 상품을 직접 선택 가능	- 가입자가 일반인일 경우 설계의 어려움이 있음 - 전담 설계사가 없으므로 보장을 직접 챙겨야 함 - 가입제한의 경우가 많음 - 보험사의 불안정

다이렉트보험의 장단점

두 번째는 저해지·무해지 환급형 보험이다.

저해지 환급형		무해지 환급형	표준 환급형
납입기간 중 해지 시 표준형 해지환급금의 **30% 지급형** 일반형보다 보험료가 약 14.6% 낮음	납입기간 중 해지 시 표준형 해지환급금의 **50% 지급형** 일반형보다 보험료가 약 21.37% 낮음	납입기간 중 해지 시 **해지환급금 X** 일반형보다 보험료가 약 30.76% 낮음 단, 보험료 납입 완료시점부터 일반형과 동일한 해지환급금 보장	납입기간 완료 후 해지 시 표준형 해지환급금 **100% 지급**

해지 환급형 종류

저해지 환급형 보험이란 가입자가 납입 기간 중 보험을 해약할 경우 돌려받을 수 있는 금액 **(중도 해지 환급금)을 낮추어 납입 보험료를 낮춘 보험** 상품이다.

무해지 환급형 보험이란 가입자가 납입 기간 중 보험을 해약할 경우 돌려받을 수 있는 금액 **(중도 해지 환급금)을 없애서 납입 보험료를 낮춘 보험** 상품이다.

무해지 환급형 보험

장점
- 보장내용이 같은 표준형보다 약 30~33% 까지 낮은 보험료
- 동일한 보장 가능
- 세분화되어 있는 종류
  : 무해지환급형 건강·암·자녀·실버 등

단점
- 중도해약환급금이 없음
(단, 보험료 납부 완료 시점부터 환급금 발생)

저해지 환급형 보험

장점
- 표준형보다 최대 22%까지 보험가 낮음
- 동일한 보장 가능
- 저렴한 보험료 때문에 만기환급금이 큰 편

단점
- 중도해약환급금이 기본환급금의 30 ~ 50% 수준

세 번째는 **미니보험**이다.

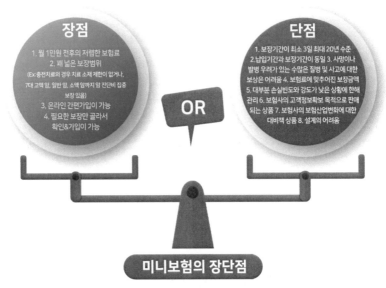

미니보험이란 특정한 질병이나 재해 사고에만 한정하여 보장 내용을 단순화하고, 부가적인 보장을 뺀 보험 상품이다. **간단보험 혹은 소액단기보험이라 하며 보험료 부담은 낮추며 필요한 혜택만 선택하여 가입하는 맞춤형 보험** 상품이다. 1만원 미만의 한 달 보험료를 통해 단일 항목만을 집중 보장한다는 특징이 있다. 주로 상대적으로 발병 가능성이 낮은 20~30대에게 인기이다.

마지막으로 일상생활 배상책임 보험이 있다.

일상생활 배상책임 보험이란 피보험자가 **타인의 신체에 장해 또는 재물의 멸실, 훼손 혹은 오손에 관하여 법률상의 손해배상책임을 부담함으로써 입는 손해를 보상**하는 보험이다. 반려동물이 지나가는 행인을 물었을 경우, 행인이 다쳐서 생기는 치료비 보상을 예로 들 수 있다.

하다못해 지나가는 길에 행인의 스마트폰 등 고가 물품을 떨어뜨려 파손시켰을 경우 역시 보상이 가능하다. 물론 주차장에서 차량을 파손시켰을 경우도 보상 가능하다.

가족일상생활 배상책임

보험증권에 기재된 피보험자 본인과 등본에 기재된 8촌 이내 혈족

자녀배상 책임보험

보험증권에 기재된 피보험자 본인의 자녀

일상생활 배상책임

보험증권에 기재된 피보험자 본인과 동거하는 배우자 및 13세 미만 자녀

일상배상책임 보험 대상자 특약과 범위

장애가 있어서 보험 가입을 거절당해요!

고객은 고향을 떠나 서울에서 자리를 잡았고 몇 년 후 경기도와 전라도를 오가면서 영업을 해왔다. 그날도 직접 운전을 해서 전라도까지 다녀오던 길이었다. 늦은 밤 고속도로는 한산했고 다들 과속으로 집으로 달려가는 듯했다. 갑자기 아찔했다. 정신을 차렸을 때는 사고로부터 무려 6개월이나 지나서였다. 정신은 들었지만 몸은 마음대로 움직이질 않았다. 음식도 삼킬 수 없는 마비 상태를 벗어나기 위해서 수년간 눈물의 재활을 했다. 걸을 수 있게 되었다. 말이 약간 어눌하지만 먼저 말하지 않으면 사람들은 눈치 채지 못했다. 지체장애 2급을 받았다. 어머니가 계신 고향으로 왔다. 사십이 넘었고 혼자 산다. 보험이 필요하다고 생각한다. 몇 곳의 보험회사를 두드렸지만 가입을 시켜주는 곳이 없었다. 늙은 어머니는 늘 작은아들 걱정이다. 당신이 세상을 먼저 떠나고 남을 장애인 아들이 걱정이다.

현재 대한민국의 장애인은 254만 명이다. 전체 인구의 약 5%이다. 이 중 후천적 장애인의 비율이 90% 이상이다. (참고: 한국장애인고용공단 고용개발원 자료, '한눈에 보는 2018 장애인 통계')
지금까지 장애를 이유로 보험 가입에 제한을 받았다면 희소식이다. 금융감독원의 지시로 2018년 10월부터는 이러한 사항을 고지할 필요가 없게 되었다. 과거에는 '눈, 코, 귀, 언어, 씹는 기능, 정신 또는 신경 기능의 장애 여부와 팔, 다리, 손, 발, 척추의 손실 또는 변형으로 인한 장애 여부(손가락, 발가락 포함)'를 청약 당시 고지해야 했으나, **장애인에 대한 차별 해소를 위해 폐지하게 된 것이다.** 따라서 계약 전 알릴 의무 사항이 **장애인과 비장애인 모두 치료 이력(3개월~5년 이내) 등으로 축소되었다.**
장애를 지닌 분들의 보험 가입 문턱이 낮아진 것이다. 비장애인들처럼 일반 고지하면 되고 최근의 치료력이 있다면 간편 고지 상품을 선택할 수도 있다.

장애를 가진 이 고객은 간편심사보험을 준비한 후 노모의 걱정을 덜어드릴 수 있게 되었다. 누구보다 부지런하고 건강하게 살아가는 고객의 삶을 응원한다.

제대로 보상받기

보험금 청구 시 보험금을 지급하는 내용이 경우마다 다르고 정확히는 약관을 살펴봐야 하지만 전체적인 흐름을 파악하기 위해서 요약하자면 **의료 행위를 예방, 성형, 치료로 구분**하였을 때, 대부분 **치료 목적의 의료 행위만을 보장해준다.**

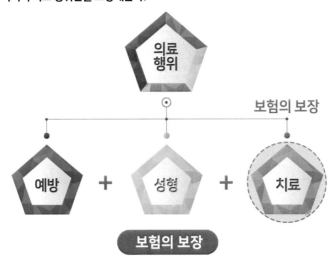

고객이 자주 묻는 질문 중 보험금 지급 관련 사례를 몇 가지 정리해 보았다. 사례를 살펴보면서 보험금 지급 여부를 살펴보도록 하자.

건강검진이나 내시경을 받고 '대장, 위, 방'의 작은 혹 또는 용종을 제거할 때 보험금이 지급되나요?

생명		손해	
질병수술	해당	질병수술	해당
재해수술	X	상해수술	X
1~3종	1종	16대 질병	해당
1~5종	1종		
기타	부인과 질환	기타	부인과 질환

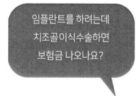

분 류 항 목	분류번호
【여성생식기의 비염증성 장애】	
14 자궁내막증	N80
15 여성 생식기 탈출	N81
16 여성 생식기를 포함한 누공	N82
17 난소, 나팔 및 광 인대의 비염증성	N83
18 여성 생식기의 용종	N84
19 경부를 제외한 자궁의 기타 비염증	N85
⋮	
31 양성신생물	D10~D36
32 행동양식 불명 또는 미상의 신생물	D37~D48

- N84.0 - 자궁체부의 폴립
- N84.1 - 자궁경부의 폴립
- N84.2 - 질의 폴립
- ~
- N84.8 - 기타 여성생식관 부분의 폴립
- N84.9 - 상세불명의 여성생식관의 폴립

- D12.6 - 상세불명의 결장의 양성신생물

건강검진 시 [대장, 위, 자궁, 유방] 용종, 혹 제거

용종이나 혹이 생긴 경우 간단한 수술로 제거할 수 있다. 치료 목적의 수술이기 때문에 손해보험사 및 생명보험사에서 보험금이 지급된다. 단, 간단한 수술이기 때문에 생명보험회사에서 1종 수술비가 지급된다.

임플란트를 하려는데 치조골이식수술하면 보험금 나오나요?

임플란트란?

인체에 전혀 해가 없는 임플란트 재료가 사람의 턱뼈와 잘 붙는 현상을 이용하여, 충치나 잇몸병으로 없어진 치아나, 사고 또는 종양 등으로 인하여 뼈와 잇몸이 없는 부분에 대해서 미용뿐만 아니라 기능까지 회복시키는 치료를 말합니다.

치조골이식수술이란?

임플란트를 위해서는 치아가 치조골(상악골 및 하악골에서 돌출된 부분으로, 치아를 지지하는 역할을 함)이 튼튼해야 합니다.
이를 위해 약해진 턱뼈에 치조골을 이식하여 임플란트하는 치아를 단단히 잡아줄 수 있도록 하는 수술이 치조골 이식 수술입니다.

2007년 이전의 약관: 근골의 수술(발정술은 제외함) 중 골 이식술(수술 2종)
2008년 이후의 약관: 근골의 수술(발정술 등 내고정물 제거술을 제외함 / 치, 치은, 치근, 치조골의 처치, 임플란트 등 치과 처치 및 수술에 수반하는 것은 제외함) 중 골 이식술(수술 2종)

* 임플란트가 아닌 **치조골 이식** 시 수술비 지급(골이식 수술비)

생명		손해	
질병 수술	해당	질병 수술	X
재해 수술	해당(재해를 원인)	상해 수술	X
1~3종	2종	16대 질병	X
1~5종	X		
기타	X	기타	X

생명		손해	
질병수술	해당	질병수술	X
재해수술	X	상해수술	X
1~3종	2종	16대 질병	X
1~5종	1종		
기타	X	기타	* 일부 단체보험 실비 적용

* 생명보험 1~3종 수술비 가입자는 최초 1종을 받았으나 추후 분쟁조정(2007.05.22.결정 2007-34호)에 의거 2종으로 소급적용

제왕절개, 소파술 시행 [자연유산, 자궁출혈 등]

고객이 출산 시 제왕절개수술비 문의가 많은 편이다. 손해보험의 보험 상품은 임신이나 출산에 의한 수술 비용이 지급되지 않는다. 하지만 생명보험의 보험 상품에 수술 특약이 있는 경우는 보장받을 수 있다.

안검하수증(코드: Q10.0)

쌍꺼풀 수술 [안검하수증, 안검내반증] 보험금 청구와
탈모 치료 보험금 청구

쌍꺼풀 수술이나 탈모 수술의 경우, 치료 목적의 의료 행위(수술)였다면 보장이 가능하다. 보장받기 위해서 치료 목적이라는 내용이 들어간 의사 소견서가 필요하다.

원형 탈모도 보장 되나요?

탈모치료는 주로 두피치료와
프로스카 구강약 복용을 통해 이뤄집니다.
일반적으로 노화로 인한 탈모는 해당되지 않지만
스트레스로 인한 탈모는
실손의료비 보험금을 청구할 수 있습니다.

상세불명의 원형탈모 (코드 : L63.9)

질병후유장해 - 반복 보장 & 납입면제 기능

우리는 모두 고객이라는 이름의 '계원들'이다. 보험이라는 '계모임'에 매달 보험료라는 '계비'를 내고 계원들 누구든 불행이 닥치면 보험금이라는 '곗돈'을 받게 된다. 맞이한 불행이 큰 경우 그 계원은 앞으로 낼 계비를 면제받게 된다. 그래도 지속적으로 계모임의 혜택을 받을 수 있다. 왜냐하면 다른 계원들이 나의 계비를 대신해서 내어주는 셈이기 때문이다. 경제력을 상실한 이웃을 배려하는 것이다. 다쳐서든 아파서든 경제력을 상실할 정도의 장해를 입은 계원을 서로가 보호하는 것이다. 보험의 가치가 발현되는 순간이다. 바로 보험의 공공성을 가장 잘 나타내는 제도가 '납입면제'이다.

장해의 대부분이 후천적이고 그중 절반은 질병이 원인이다. 많은 보험 상품들이 50% 이상의 장해를 입었을 경우 앞으로 내야 하는 보험료의 납입을 면제해주고 있다.
당뇨합병증으로 한쪽 눈이 멀게 된 경우, 난소암으로 양쪽 난소를 전절제한 경우, 신장 기능 상실로 지속적으로 혈액투석을 받아야 하는 경우 등은 모두 장해 지급율이 50%이다. 이러한 경우 납입면제의 혜택을 누릴 수도 있다.

관절 기능을 잃어 인공관절을 삽입한 경우 20%의 장해 지급율에 해당한다. 납입면제가 되는 정도는 아니지만, 장해를 이유로 보험금을 받을 수 있는 것은 '질병후유장해'라는 보장에 가입했을 때이다. 물론 몇 퍼센트(%)부터 보장을 받는지는 보장의 종류에 따라 다르므로 보장의 범위를 넓히려면 '질병후유장해 3% 이상의 보장을 준비해야 한다. 장해가 발행할 때마다 반복해서 보장을 받을 수 있다. 가입금액의 30%에 해당되는 보험금을 받았다고 남은 70%를 기준으로 다른 부위의 장해 지급율을 결정하는 것이 아니다. 예를 들어 5천만원을 가입했다면 장해가 발행할 때 마다 5천만원을 기준으로 일정 퍼센트만큼 보장을 받게 되는 것이다.
(물론 같은 신체 부위는 누적의 개념에 따른다.)

갖고 있는 보험 증권에 '질병후유장해'라는 보장이 있는지 잘 살펴보고 보상을 놓치지 않도록 해야 한다.

셀프 보장분석 2

가구 당
평균 가입 건수
12건

구분	보험상품	가입 상품 수	월 납입 보험료
생명 보험	질병 보장보험	1.3	8.1
	재해 사망보장보험	1.2	7.7
	저축성 보험	1.2	17.9
	변액보험	1.1	14.9
	연금보험	1.1	18.2
	기타 생명보험	1.2	8.9
손해 보험	장기손해보험	1.2	6.2
	화재, 배상책임, 운전자 보험	1.1	5.7
	기타손해보험	1.1	8.6
	실손의료보험	1.3	7.2
합계	➡	**11.8**	**103.4**

[출처: 금융소비자연맹, 2017년 / 단위: 개, 만원]

보험 상품 가입 건수 및 월 납입 보험료

2017년 조사결과에 따르면 한국의 가구당 평균 보험 가입 건수는 11.8건으로 **'위험 보장'**이라는 보험의 본래 목적을 고려했을 때 **과도한 수준이라는 지적**이 나온다.

가구당 한 달 평균 103만 4,000원을 보험료에 쓰고 있는 것으로 나타나 대상 가구의 월평균 소득이 557만원이었다는 것을 고려하면 **소득의 18.5%를 보험료에 지출**하고 있는 셈이다.

특히 소비자가 보험 가입 필요성을 느끼고 자발적으로 보험에 가입한 경우는 10건 중 2건에 그쳤으나 **지인의 권유**를 통해서나 보험설계사의 친지로서 가입하는 경우는 **47.5%로 절반에 가까웠다.**

현재 판매되고 있는 보험 종류도 셀 수 없이 많으며, 무작정 많이 보험에 가입하는 것은 결코 좋지 않다. 보험은 우리가 잘 알고 있듯이 불의의 사고를 당할 때 보장을 받기 위한 제도이다.

보험 가입을 하기 위해서는
보험 종류별 보장 내용 및 보험 가입 요령에 대해서 알 필요가 있다.

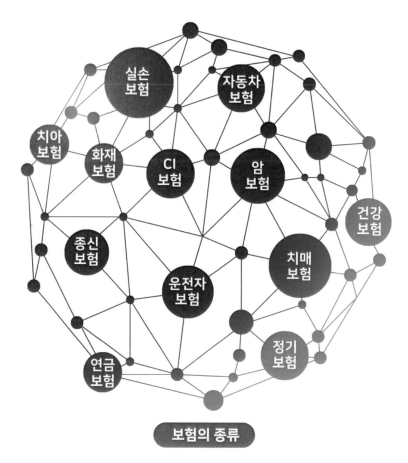

보험의 종류

실손보험은 보험 가입자가 질병이나 상해로 입원 또는 통원 치료 시 의료비로 실제 부담한 금액을 보장해주는 건강보험을 말한다. '실제 손실을 보장한다' 해서 이렇게 불린다.

실손의료보험은 일부 비갱신 보험과 달리 질병에 걸릴 위험률과 보험금 지급 실적 등을 반영해 **보험료가 3~5년마다 바뀐다.** 2009년 10월 이후엔 표준화 작업을 통해 의료비의 일부(70~90%)만 보장하는 상품이 출시되고 있다. **범위가 넓은 편이어서 실손보험은 무조건 가입해야 하는 보험**이라고 할 수 있다.

종신보험과 정기보험은 사망을 담보로 보장해주는 보험으로 **나이와 상관없이 종신토록 보장해주는 보험을 종신보험, 일정 기간만 보장해주는 보험을 정기보험**이라 한다.

특정 질병만 보장해주는 보험으로 **암보험, 3대 질병 보험, CI보험** 등이 있으며, 기타 특이한 상황을 보장해주는 **운전자보험, 치매보험, 간병보험** 등이 있다.

사람은 누구나 살아가면서 생로병사(生老病死) 과정을 겪는다. 행복한 인생을 맞이하기 위해서는 생애 설계를 통해 인생 전반을 예측해보고 미래를 준비하는 지혜가 필요하다.

생은 **가족 생활비** 등이며
로는 본인과 배우자의 **노후 의료비 및 은퇴 자금**
병은 갑작스러운 사고나 질병 시 필요한 의료비
사는 **가장의 조기 사망에 대비**하는 비용이다.

이런 생로병사를 대비하기 위해 보험이 필요한데, 어떤 기준으로 보험에 가입해야 잘 대비할 수 있는지 알아야 한다. 보험 컨설턴트를 대상으로 한, '인생을 살아가며 보험이 가장 필요한 순간은 언제인가'라는 설문조사 결과에 따르면 **'병에 걸렸을 때'**가 압도적인 선택(71.0%)을 받았다. 또한 '고객이 해약하려고 할 때 가장 만류하고 싶은 상품은 무엇인가?'라는 질문에도 역시나 **건강보험 (42.5%)**을 가장 많이 택했으며, 이어 암보험(18.0%), CI보험(12.0%)을 선택했다.

보험 가입 요령에 대해서 알아보자!

사망	3대 질병	입원	수술	기타
종신/정기	건강보험(생명)/CI보험			치매/간병
	건강보험(손해)			운전자
				치아
	실손보험			

보험 상품별 가입 요령

가장 먼저 '**실손보험**'에 가입하는 것이 좋다. 실손보험은 가장 넓은 보장 범위를 갖고 있는 보험으로 질병, 입원, 수술 등을 다양한 범위를 보장한다.

다음으로 특정 질병을 보장해주는 **건강보험**에 가입하고, 입원, 수술비는 **손해보험 특약과 생명보험 특약을 활용**하여 가입하면 좋다. 그리고 사망 보장을 위해 **정기보험 및 종신보험**을 활용하고 기타 개인 상황 등을 고려하여 **치아, 운전자, 치매간병 보험** 등에 가입하는 것을 권장한다.

보험은 상품별로 보장해주는 내용이 다르기 때문에 중요도가 다를 수도 있다. 하지만 대체적으로 **본인에게 필요한 보험에 가입하는 요령을 파악하여 상품 가입의 우선순위를 정하는 것도** 한 가지 방법이 될 것이다.

갱신·비갱신! 어떤 게 더 좋나요?

국가기관에서 연구원으로 재직하던 젊은 박사님이 계단에서 굴러 무릎을 크게 다치고 말았다. 공부만 하고 늘 연구실에 갇혀 지내던 터라 운동하고는 담쌓은 분이었다. 역시 다칠 때도 운동신경이 중요하다면서 낫고 나면 무조건 열심히 운동하겠다고 다짐을 했다. 네 번의 수술로 완치가 되었다. 긴 시간 치료를 하면서 입퇴원을 반복했다. 학창 시절 어머니가 준비해주신 보험으로 큰 도움을 받아 치료에만 전념할 수 있었고 젊은 나이에 보험의 중요성을 알게 되었다고 한다. 이후 자신이 가입해둔 보장 내용이 궁금하던 터에 인연이 되어 상담을 진행했다. 고객은 대부분 전화로 가입하는 보험을 준비해둔 상태였다. 친절한 상담원의 설명을 듣다 보면 내용이 너무 좋고, 월 납입 보험료 또한 별 부담이 없어서 하나둘 씩 가입을 하게 되었다고 한다. 이제 30대 후반의 나이가 된 고객은 이대로 두는 것이 맞는지 고민스러워했다.

보장 금액에 비중을 두고 저렴한 보험료로 단기간(대개 5년 내지 10년) 보장을 받다가 그 기간이 끝나면 자동으로 보장 기간이 갱신이 되면서 달라진 금액으로 납입하는 갱신 보험료 방식과 정해진 기간 동안 납입을 끝내더라도 보장은 계속해서 일정 연령까지 받는 비갱신 보험료 방식이 있다. 이 둘 중 무조건 이쪽만이 더 낫다고 주장하기는 힘들다. 왜냐하면 상황에 따라 선택을 하는 것이기 때문이다. 하지만 선택의 상황에서 둘의 장단점을 충분히 알았다면 후회하지 않을 테지만 일반적인 권유에 의해 선택의 여지없이 결정을 내렸다면 지나간 시간과 금전적 손해에 대한 두려움 등으로 후회를 하기도 한다.

많은 전문가들이 고객들께 '여력이 있다면 가급적 경제활동기 동안만 보험료를 납입을 하고 평생 보장을 보는 방식'을 추천한다. 하지만 보장의 특성상 어쩔 수 없이 갱신형으로만 운용되는 경우도 있다. 예를 들면 실손의료보험이 대표적이다. 또는 고액의 보장을 반복적으로 받기 위해 저렴한 갱신형 보험료를 선택하는 경우도 있다. 예를 들면 계속 받는 암 진단, 계속받는 CI 진단 등이다. 이 경우는 고액의 보험금을 반복적으로 보장받기 위해 일정 기간 동안만 납입하는 비갱신 방식을 선택할 경우 월 납입 보험료는 상당한 금액으로 부담이 될 것이니, 갱신형의 방식을 선택하는 것이다. 또 비갱신의 보장을 선택한 뒤 보완의 개념으로 일정 기간 동안만 갱신형의 보험을 가져가는 경우도 있다. 특히 3대 진단금(암, 뇌, 심)의 경우, 경제활동기에 발병 시 고액의 병원 치료비뿐만 아니라, 실직의 상황 혹은 휴직의 상황에서도 필요한 생활비를 충당할 정도의 진단 금액이 필요하게 된다. 이 경우 주(主)가 되는 보장은 비갱신형의 진단금을 확보하고 부수적으로 갱신형의 진단금을 일정 기간 보완하는 것이다. 이처럼 상황에 따라 비갱신, 갱신형의 보장을 잘 활용하면 적절한 보험료로 현명한 선택을 할 수 있다.

자신의 분야에서는 전문가인 박사이지만 비전문 분야인 보험의 영역에 관해서는 조언을 구하고 최선의 선택을 위해서 경청하는 고객의 겸손한 자세가 감동을 주는 상담이었다. 아름다운 배우자와 행복한 결혼 생활을 이끌어 가시길 기도해본다.

Part 3
보호

질병 예측과 건강

질병은 치료보다 예방이 중요하다.
미리 질병을 예측할 수 있다면 **얼마나 도움이 될까?**

**중국 춘추전국시대 위나라 문왕과
전설적인 명의 편작의 이야기가 있다.**

의술이 뛰어나다는 세 형제 이야기를 듣고
문왕이 가장 명성이 높은 셋째 편작에게 물었다.

> 너희 중 누가 가장 의술이 뛰어나느냐?

> 첫째 형님이 가장 뛰어나고, 그다음에는 둘째 형님이며,
> 제가 가장 부족합니다.

> 그런데 어째서 편작 자네의 명성이 가장 높은 것인가?

문왕

> 첫째 형님은 환자가 고통을 느끼기도 전에 표정과 음색으로 이미 그 환자에
> 게 닥쳐올 큰 병을 알고 미리 치료하기 때문에 환자는 맏형이 자신의 큰 병
> 을 치료해 주었다는 사실조차 모르게 합니다.
> 또 둘째 형은 병이 나타나는 초기에 치료하기에 아직 병이 깊지 않은 단계에
> 서 치료하므로 목숨을 앗아갈 큰 병이 되었을지도 모른다는 사실을 다들 눈
> 치채지 못합니다.
> 이에 비해 저는 병세가 아주 위중해진 다음에야 비로소 병을 치료하기에 가
> 장 뛰어난 것으로 잘못 알려지게 된 것입니다.

편작

문왕과 편작 이야기

부모가 비만일 경우 자식이 비만일 확률이 얼마나 될까?

자식이 또한 **비만일 확률이 매우 높을 것이다.**

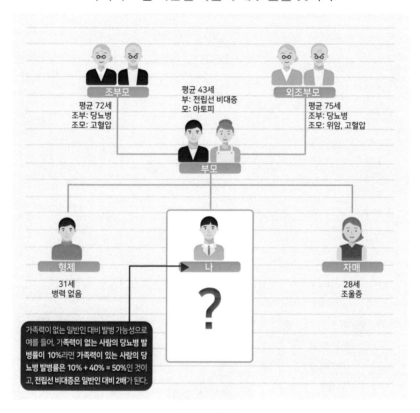

가족이 없는 일반인 대비 발병 가능성으로 예를 들어, 가족력이 없는 사람의 당뇨병 발병률이 10%라면 가족력이 있는 사람의 당뇨병 발병률은 10% + 40% = 50%인 것이고, 전립선 비대증은 일반인 대비 2배가 된다.

가족력

가족력은 유전적인 요인을 포함하여 특정 질병을 유발하는 잘못된 생활습관을 공유함으로써 같은 질병에 걸릴 확률이 높아진다는 것을 의미한다.

그런데 가족력에 대해서 우리가 왜 알아야 할까?

우리는 흔히 '부모가 탈모가 있으면 한 세대 거쳐 탈모가 온다'라는 **잘못된 가족력**을 이야기하곤 한다. 가족력의 범위는 **3대에 걸쳐 4촌 이내의 가족이 같은 질환을 앓은 환자가 2명 이상인 경우**로 보며, 가족력이 높은 질병으로 **암, 고혈압, 비만, 당뇨, 탈모** 등이 있다.

가족력을 이해해야지만 자신의 질병에 대해서 예방할 수 있다.

체질이란 **태어날 때부터 사람이 지니고 있는 몸의 성질**이다.

누구는 한여름에도 땀을 잘 흘리지 않고, 누구는 겨울에도 땀을 많이 흘린다. 또 누구는 성격이 급하지만, 또 누구는 성격이 느긋하다. 이 모든 것이 체질과 관련되어 있다.

체질은 주로 한의학에서 다루는 내용으로 **사상체질, 팔(8)체질** 등이 있다. 체질에 따라 자신에게 맞는 음식이 있으며, 또한 내장 기관의 강약이 다르다. 체질을 알면 **체질별 맞춤 건강 관리를 효율적으로 할 수 있다.**

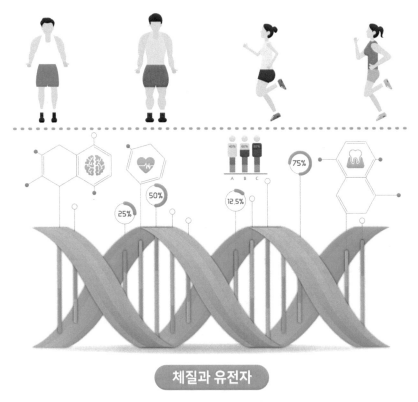

체질과 유전자

지난 2003년 **휴먼 게놈 프로젝트**를 비롯하여 지난 20세기부터 인간 유전자 비밀을 밝히기 위한 수많은 노력이 계속되어 왔다. 인간의 DNA가 30억 쌍으로 구성되어 있는데 관련 내용을 통해 **질병의 원인을 밝혀내고 근본적 치료 방법을 연구하고 있다.**

아직까지 해결해야 하는 내용이 많기는 하지만 계속 축적되는 유전자 데이터를 통해 **발병 가능한 일부 질병을 예측하고 예방**할 수 있게 되었다.

유전자 분석을 통해 정밀 의료 기술이 도입될 것으로 예측된다.

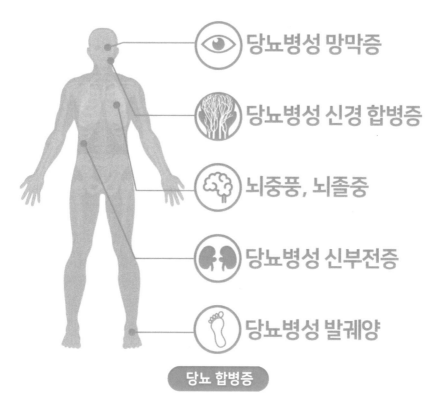

당뇨병성 망막증

당뇨병성 신경 합병증

뇌중풍, 뇌졸중

당뇨병성 신부전증

당뇨병성 발궤양

당뇨 합병증

인구 구조가 변하며 생활습관과 자연환경이 변화해 발생하게 될 질병에는 어떤 것이 있을까?
한 미래과학자는 당뇨 합병증에 대비하라고 이야기한다. 우리가 흔히 들을 수 있는 질병인 당뇨병
은 만성 질환 중 하나이다. 하지만 **당뇨병은 그 자체보다 합병증이 무서운 질병이다.**
그 대표의 예로 세종대왕이 있다. 세종대왕은 30세 무렵부터 시작해 54세까지 실명, 욕창 등의 당
뇨 합병증으로 고통을 겪다 유명을 달리했다.

당뇨 합병증은 미래 질병으로 구분된다.

질병의 원인으로는 음식과 스트레스가 있으며 **2030년에는 당뇨로 인한 질병이 매우 늘어날 것**
으로 예측하고 있다. 점차 노령화되어 가는 상황에서 **관련 질병을 예방하고 관리**해야 할 것이다.

체질과 건강

사상체질과 비교하여 '팔(8)체질'이라는 이론이 등장했다.

팔체질은 권도원 박사가 1965년 발표한 이론으로 **사상체질을 열과 한으로 나눈 것**을 말한다. 사상체질이 외형만 가지고 판단하는 체질이라면 **팔체질은 진맥을 통해** 장기의 강약을 가지고 **판단하는 체질이다.** 팔체질이 사상체질보다 낫고 절대적인 것이라 이야기할 수는 없지만 암 또는 불치병, 양방 치료를 통해 원인을 밝힐 수 없었던 부분들이 해결되는 것은 팔체질의 진단에 의한 음식의 분류 때문이다.

체 질		장기들의 강약배열	자율신경의 강약배열
태음인	목양체질(木陽體質)	간장(肝) > 신장(腎) > 심장(心) > 췌장(膵) > 폐장(肺)	부교감신경 > 교감신경
	목음체질(木陰體質)	담낭(膽) > 소장(小腸) > 위장(胃腸) > 방광(膀胱) > 대장(大腸)	부교감신경 > 교감신경
소양인	토양체질(土陽體質)	췌장(膵) > 심장(心) > 간장(肝) > 폐장(肺) > 신장(腎)	부교감신경 > 교감신경
	토음체질(土陰體質)	위장(胃) > 대장(大腸) > 소장(小腸) > 담낭(膽) > 방광(膀胱)	부교감신경 > 교감신경
태양인	금양체질(金陽體質)	폐장(肺) > 췌장(膵) > 심장(心) > 신장(腎) > 간장(肝)	교감신경 > 부교감신경
	금음체질(金陰體質)	대장(大腸) > 방광(膀胱) > 위장(胃腸) > 소장(小腸) > 담낭(膽)	교감신경 > 부교감신경
소음인	수양체질(水陽體質)	신장(腎) > 폐장(肺) > 간장(肝) > 심장(心) > 췌장(膵)	교감신경 > 부교감신경
	수음체질(水陰體質)	방광(膀胱) > 담낭(膽) > 소장(小腸) > 대장(大腸) > 위장(胃腸)	교감신경 > 부교감신경

팔체질 장기의 강약 배열

팔체질 의학에서는 동서양을 막론하고 사람이 체질에 따라 평생 동안 섭생을 다르게 해야 한다고 한다. 우리는 흔히 '체질적으로 맞다, 맞지 않는다'라는 표현을 쓰는데, 음식, 운동, 생활습관 등은 사람의 **체질마다 유익함과 해로움이 다르다.**

체질을 유전적으로 물려받았다고 해서 그 질병까지 물려받는 것은 아니지만 해당 장기가 다른 장기에 비해 약하므로 후천적으로 그 질병에 걸릴 수 있는 확률이 높은 것은 사실이다.

그러므로 체질에 따라 약한 장기를 미리 알고 관련 질병을 예방하자.

그러면 팔체질에 대해서 하나씩 알아보도록 하자.

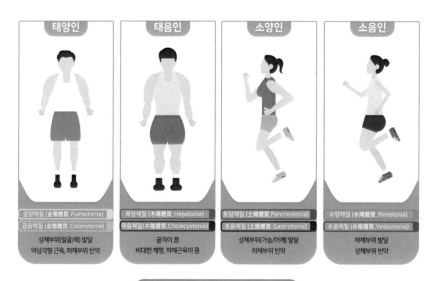

태양인	태음인	소양인	소음인
금양체질 (金陽體質 , Pulmotonia)	목양체질 (木陽體質 , Hepatonia)	토양체질 (土陽體質 , Pancreotonia)	수양체질 (水陽體質 , Renotonia)
금음체질 (金陰體質 , Colonotonia)	목음체질 (木陰體質 , Cholecystonia)	토음체질 (土陰體質 , Gastrotonia)	수음체질 (水陰體質 , Vesicotonia)
상체부위(얼굴/목) 발달 역삼각형 근육, 하체부위 빈약	골격이 큼 비대한 체형, 하체근육이 큼	상체부위(가슴/어깨) 발달 하체부위 빈약	하체부위 발달 상체부위 빈약

체형으로 살펴보는 체질

금양체질은 **폐가 가장 강하며** 상대적으로 **간이 약한 것이 특징**이다. 그렇기 때문에 음주 및 약물 복용으로 인한 부작용 및 후유증이 자주 발생하며 쉽게 지치는 모습을 종종 보인다. 체질상 **육류 및 기름진 음식은 피하고 채식 및 해산물, 생선 위주의 식단을 유지하는 것이 가장 효과적**이다.

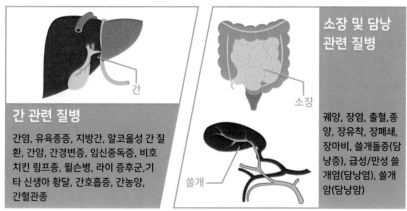

간 관련 질병

간염, 유육종증, 지방간, 알코올성 간 질환, 간암, 간경변증, 임신중독증, 비호치킨 림프종, 윌슨병, 라이 증후군, 기타 신생아 황달, 간호흡증, 간농양, 간혈관종

소장 및 담낭 관련 질병

소장

쓸개

궤양, 장염, 출혈,종양, 장유착, 장폐쇄, 장마비, 쓸개돌증(담낭증), 급성/만성 쓸개염(담낭염), 쓸개암(담낭암)

몸에 열이 많다고 알려진 **금음체질**은 **대장과 방광의 기능이 강한** 반면 상대적으로 **소장 및 담낭이 기능이 약한 특징**을 보인다. 그래서 콜레스테롤 및 지방 등이 많이 함유되어 있는 **육류를 피하는 것이 좋으며** 화로 인해 몸에 **열이 오르지 않게 하는 것이 좋다.** 체질상 모든 **육류 및 버섯, 사과, 배 등의 과일은 피하고 푸른 채소 및 해산물, 오이, 복숭아 등을 섭취하는 것이 바람직**하다.

목양체질은 금양체질과 반대로 **간 기능이 강하며** 상대적으로 **폐의 기능이 약하다.**

비교적 활동적인 성향인 목양체질은 땀을 많이 흘리는 특징이 있고 땀의 배출을 통해 몸이 개운해짐을 느낄 수 있다. 그렇기 때문에 평소 큰 활동이 없다면 반신욕 등으로 가볍게 땀을 흘리는 것도 좋은 건강관리 방법이 되겠다. 체질상 **생선 및 해산물, 높은 당이 함유된 초콜릿 등은 피하고 육류 및 탄수화물이 풍부한 음식 등을 섭취하는 것이 좋다.**

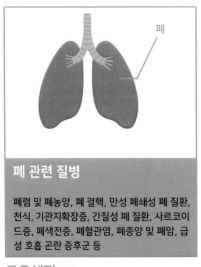

폐 관련 질병

폐렴 및 폐농양, 폐 결핵, 만성 폐쇄성 폐 질환, 천식, 기관지확장증, 간질성 폐 질환, 사르코이드증, 폐색전증, 폐혈관염, 폐종양 및 폐암, 급성 호흡 곤란 증후군 등

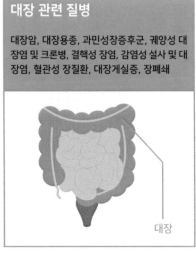

대장 관련 질병

대장암, 대장용종, 과민성장증후군, 궤양성 대장염 및 크론병, 결핵성 장염, 감염성 설사 및 대장염, 혈관성 장질환, 대장게실증, 장폐쇄

목음체질은 금음체질과 반대로 **담낭 및 소장의 기능이 강하며**, 대장의 기능이 약하다.**

그래서 허리부터 골반 다리 등의 하복부 아래로 질병이 많이 발생하며 **몸이 찬 것이 특징**이다. 그러므로 평소 아랫배를 따뜻하게 유지하는 것이 중요하다. 체질상 **생선 및 해산물, 술, 초콜릿 등의 음식은 피하고 닭고기를 제외한 육류 및 비타민이 풍부한 과일을 섭취하는 것이 좋다.**

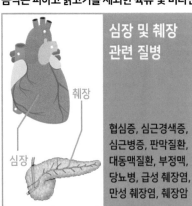

심장 및 췌장 관련 질병

협심증, 심근경색증, 심근병증, 판막질환, 대동맥질환, 부정맥, 당뇨병, 급성 췌장염, 만성 췌장염, 췌장암

수양체질은 **신장 및 폐의 기능이 강하며** 상대적으로 **심장 및 췌장의 기능이 약해 소화 기능이 약한 것이 특징**이다. 계획적이고 냉철한 성향을 많이 보이는 수양체질은 체질적으로 몸이 쇠약해지면 땀을 많이 흘린다. 그래서 상대적으로 몸을 시원하게 해주는 것이 건강 관리에 도움이 된다. **돼지고기, 생굴, 맥주 등의 음식은 피하고 소고기, 닭고기, 현미, 토마토, 오렌지 등의 음식을 섭취하는 것이 좋다.**

수음체질은 **방광 및 담낭의 기능이 강하며** 상대적으로 **대장 및 위의 기능이 약한 것이 특징**이다. 수음체질에는 위하수체 환자들이 많으며 소화 기능이 약하므로 과식보다는 소식을 하는 것이 좋다. 체질상 음식의 온도에 민감하므로 **너무 차거나 뜨거운 음식은 피하는 것**이 좋으며 **돼지고기, 맥주 등은 피하고 닭고기, 현미 등의 음식을 섭취하는 것이 좋다.**

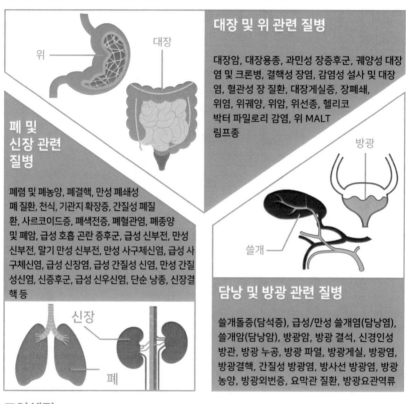

대장 및 위 관련 질병

대장암, 대장용종, 과민성 장증후군, 궤양성 대장염 및 크론병, 결핵성 장염, 감염성 설사 및 대장염, 혈관성 장 질환, 대장게실증, 장폐쇄, 위염, 위궤양, 위암, 위선종, 헬리코박터 파일로리 감염, 위 MALT 림프종

폐 및 신장 관련 질병

폐렴 및 폐농양, 폐결핵, 만성 폐쇄성 폐 질환, 천식, 기관지 확장증, 간질성 폐질환, 사르코이드증, 폐색전증, 폐혈관염, 폐종양 및 폐암, 급성 호흡 곤란 증후군, 급성 신부전, 만성 신부전, 말기 만성 신부전, 만성 사구체신염, 급성 사구체신염, 급성 신장염, 급성 간질성 신염, 만성 간질성신염, 신증후군, 급성 신우신염, 단순 낭종, 신장결핵 등

담낭 및 방광 관련 질병

쓸개돌증(담석증), 급성/만성 쓸개염(담낭염), 쓸개암(담낭암), 방광암, 방광 결석, 신경인성 방광, 방광 누공, 방광 파열, 방광게실, 방광염, 방광결핵, 간질성 방광염, 방사선 방광염, 방광농양, 방광외번증, 요막관 질환, 방광요관역류

토양체질은 수음체질과 반대로 **췌장 및 심장의 기능이 강하며** 상대적으로 **폐 및 신장의 기능이 약한 것이 특징**이다. 대체적으로 급한 성격을 보이는데 이로 인해 건강을 해치는 경우가 종종 있다. 그래서 평소 여유를 가지고 계획적으로 행동하는 것이 좋다. **개고기, 인삼, 술 등의 열을 올리는 음식은 피하는 것이 바람직하다.**

토음체질은 **위 및 대장의 기능이 강하며** 상대적으로 **담낭 및 방광의 기능이 약한 것**이 특징이다. 소화 기능은 좋으나 음식이나 약물로 인한 소화장애가 발생할 수 있다. 그래서 더운 음식은 피하는 것이 좋으며 **육류 및 꿀, 술, 담배 등은 피하고 채소, 생선 및 해산물 등의 음식을 섭취하는 것이 좋다.**

가족력

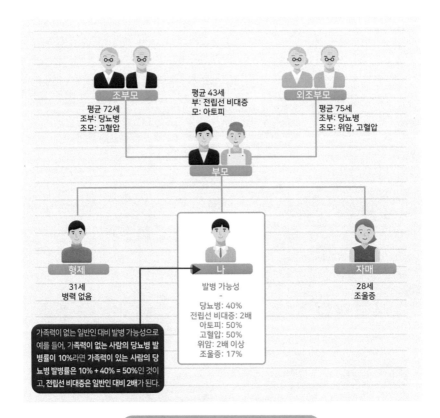

평균 43세
부: 전립선 비대증
모: 아토피

조부모
평균 72세
조부: 당뇨병
조모: 고혈압

외조부모
평균 75세
조부: 당뇨병
조모: 위암, 고혈압

부모

형제
31세
병력 없음

나
발병 가능성
-
당뇨병: 40%
전립선 비대증: 2배
아토피: 50%
고혈압: 50%
위암: 2배 이상
조울증: 17%

자매
28세
조울증

가족력이 없는 일반인 대비 발병 가능성으로
예를 들어, 가족력이 없는 사람의 당뇨병 발
병률이 10%라면 가족력이 있는 사람의 당
뇨병 발병률은 10% + 40% = 50%인 것이
고, 전립선 비대증은 일반인 대비 2배가 된다.

가족력 가계도 간편 작성 예시

가족력이란 직계 존비속 및 형제자매, 그 밖의 혈연자에 대해서 질환의 유무와 동시에 원인 등을 기재한 것이다. 특히 **유전적 또는 체질적 부하가 있는 질환에 대해서 문진한 결과가 진단의 자료로 도움이 되기도 한다.** 가족력은 특정한 유전자를 공유하기도 하지만 생활습관 및 주거환경 등 **동일한 생활패턴으로 질병에 걸릴 확률이 높아지는 것이다.**

가족력으로 인한 질병은
생활 패턴을 잘 가꾸기만 해도 예방하거나 위험률을 낮출 수 있다.

부모가 암일 경우 자신도 같은 암에 걸릴 확률	비율	형제자매가 암일 경우 자신도 같은 암에 걸릴 확률	비율
악성림프종(호지킨병)	4.88배	고환암	9.28배
고환암	4.26배	악성림프종(호지킨병)	5.94배
갑상선암	3.26배	콩팥암	4.74배
난소암	3.15배	전립선암	4.46배
식도암	3.14배	난소암	4.25배
폐암	2.90배	갑상선암	3.86배
위암	2.17배	피부암	3.63배
대장암	1.86배	위암	3.29배
백혈병	1.85배	폐병	3.13배
유방암	1.84배	대장암	2.87배
자궁경부암	1.82배	유방암	2.03배

[출처: 국제암학회지]

암 종류별 가족력

보건복지부가 발표한 암 발생 통계에 따르면 2016년 기준 **우리나라 국민 31명 중 1명은 암 유병자**인 것으로 나타났다.

이는 **사망 원인 1위인 암**이 우리나라 국민들에게 흔하게 발생하고 있다.

특히 **암은 가족력의 영향을 크게 받는 대표적인 질환**으로 대장암, 유방암, 난소암, 갑상선암 등에서 가족력이 비교적 뚜렷하다.

암	가족력 영향		발병률
	부모일 때 2~5배	형제자매일 때 2~9배	대표적 가족력 질환

국제암학회지에 따르면 **부모가 암일 경우** 자녀가 암에 걸릴 확률은 **일반인에 비해 2~5배 정도 높았으며, 형제자매가 암일 경우 같은 암에 걸릴 확률이 2~9배까지 높아지는 것**으로 밝혀졌다.

우리나라 두 번째 사망 원인은 심장 질환이다.

부모 등 직계가족에 심장 질환이 있는 경우에는 일반인에 비해 **심장 질환 발병 확률이 2배가량 높아진다.**

심혈관 질환	가족력 영향		발병률
	남성 40대 이전 동맥경화 2배	여성 50대 이전 동맥경화 2배	한국인 사망 원인 2위

부모 모두 심장 질환을 앓을 때 자녀가 심장 질환에 걸릴 확률은 25~45%이다. 부모 중 한 명이 심장 질환을 앓을 때 **자녀가 심장 질환에 걸릴 확률은 8~28%**라고 알려졌다. 따라서 심장 질환도 가족력 영향이 있으므로 특별한 주의가 필요하다.

당뇨병	가족력 영향		발병률
	가족 중 당뇨병 환자 1명 20%	가족 중 당뇨병 환자 2명 40%	한국인 사망 원인 3위

부모가 당뇨병을 앓았다면 당뇨병에 걸릴 확률이 20~40% 이상으로 높아진다. 전문가들이 말하길 당뇨병은 식습관의 영향을 받으므로 **비슷한 식습관을 가진 가족끼리 원인을 공유할 가능성이 높다**고 한다. 빵, 과자 등 당분이 많은 식품은 혈당을 낮추는 인슐린의 기능을 떨어뜨릴 수 있으므로 적게 먹으며 **섬유소, 단백질 위주로 식사**하고, **20대부터 꾸준히 혈당 검사**를 받는 것이 좋다.

알츠하이머성 치매	가족력 영향		발병률
	가족 중 치매 환자 1명 2배	가족 중 치매 환자 2명 3배	65세 이상 노인의 다빈도 질병 2위

치매도 가족력에 주의해야 한다. **부모가 알츠하이머성 치매를 앓았으면** 자녀도 노년기에 알츠하이머성 치매에 걸릴 가능성이 **2배로 높다.** 알츠하이머성 치매는 아포지단백 4형이라는 유전자와 관련있는데, 이 유전자형을 1개 물려받으면 2.7배, 2개 물려받으면 17.4배로 발병 위험이 커지는 것으로 알려졌다. 치매는 조기에 진단·치료할수록 효과가 좋으므로, **가족 중 알츠하이머성 치매 환자가 있었다면 노년기에 접어들면서부터 꾸준히 검사받아야 한다.**

고혈압	가족력 영향		발병률
	가족 중 고혈압 환자 1명 30%	가족 중 고혈압 환자 2명 57%	65세 이상 2명 중 1명은 고혈압 환자

고혈압은 부모와 자식 간의 가족력보다 **형제자매 간의 가족력이 더 강한 영향력을 미친다.** 질병관리본부 자료에 따르면 **부모 모두 고혈압일 경우에 29.3%가 고혈압 진단을 받지만 형제자매가 고혈압이면 57%가 고혈압 진단을 받는다**고 한다.

가족력의 영향을 크게 받는 질환

암 정기적으로 건강검진 받기: 조기 진단 및 치료로 완치 가능성 UP!

 심혈관 질환 30대 초반부터 1년에 한 번씩 혈압,혈당,콜레스테롤 검사
(40대는 1년에 한 번씩 심전도 검사 추가)

 당뇨병 식습관 바꾸기: 당분이 많은 식품 피할 것,
섬유소 및 단백질 위주 식사, 20대부터 꾸준한 혈당 검사 및 관리

 치매 노년기에 접어들면서부터 꾸준히 검사
조기 진단 및 치료로 악화 방지!

 아토피 아토피가 있는 산모는 출산 후 6개월 이상 모유수유로 자녀에게
면역성분을 전달 or 가수분해 단백질이 함유된 분유 활용

 고혈압 규칙적인 운동과 나트륨 과다 섭취를 줄이는 습관,
30대부터 최소 1년에 한 번씩 혈압 체크 및 관리

 조울증 균형 있는 식사, 도파민 과다 분비는 스스로 해결이 어려우니
증상이 나타나는지 평소에 관리 및 체크

 탈모 스트레스 관리, 흡연과 음주 줄이기,
염색&파마 줄이기 등 건강한 생활 패턴을 유지

 골다공증 40대부터 고밀도 검사, 폐경 전후 여성은 정기적인 검진,
충분한 칼슘과 비타민 D 섭취

 전립선 비대증 1년에 한 번씩 전립선 기능 검사로 조기 진단 및 치료

가족력 질병별 관리

유전자

영화배우 안젤리나 졸리는 유전자 검사로 자신이 유방암 발병 유전자를 지녔고, **미래에 유방암에 걸릴 확률이 87%**에 달한다는 것을 알게 되었다. 어머니와 이모를 유방암으로 잃었던 안젤리나 졸리는 2013년 **유방 절제술을 받았다.** 그 후 유방암에 걸릴 확률이 87%에서 5%로 대폭 줄어들게 되었다.

유전자 검사로 확인한 유방암 발병 가능성	유방 절제술로 낮춘 유방암 발병 가능성
87%	5%

유전력 예방의 실제 사례

질병은 **유전적인 요인**과 **환경적인 요인**이 합쳐진 복합적인 결과물이다. 환경적인 요인은 변화 가능하지만 **유전적인 요인은 변하지 않는다.**

따라서 자신의 유전적 위험을 파악하고
선제적으로 질병 위험을 관리하는 것이 중요하다.

유전자 검사는 **게놈 분석**이라고 한다.

게놈은 **한 개인이 지닌 유전자의 총합**을 의미하는데, 게놈 분석을 통해 자기 몸속에 있는 모든 유전자의 정보를 분석하는 것이다. 현재 게놈 분석은 진행 중에 있으며 **빅 데이터를 통해 질병에 걸릴 확률을 밝히는 것**으로 이해하면 된다. 병을 앓는 환자와 정상인의 유전자를 분석해서 질병을 일으키는 유전자를 밝히는 것으로 알려져 있다.

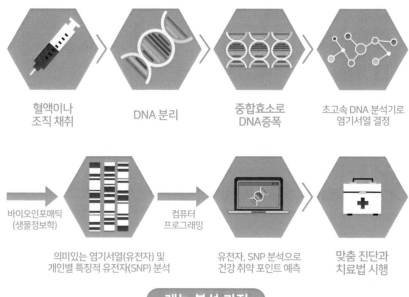

혈액이나 조직 채취 > DNA 분리 > 중합효소로 DNA증폭 > 초고속 DNA 분석기로 염기서열 결정

바이오인포매틱 (생물정보학) → 의미있는 염기서열(유전자) 및 개인별 특징적 유전자(SNP) 분석 > 컴퓨터 프로그래밍 → 유전자, SNP 분석으로 건강 취약 포인트 예측 > 맞춤 진단과 치료법 시행

게놈 분석 과정

영국에서는 10만 게놈 프로젝트를 실시하였는데, 환자 10만 명과 정상인 게놈을 분석 · 비교하여 결과를 도출하고 있어 다양한 질병에 대한 결과는 앞으로도 지속적으로 나올 것으로 예상한다.
현재 상용화되고 있는 유전자 분석 종류에는 **암**(위암, 폐암, 간암, 대장암), **뇌 질환, 만성 질환**(고혈압, 당뇨), **피부 질환, 비만, 탈모, 알츠하이머 치매** 등을 예측할 수 있다.
유전자 분석을 통해 자신의 미래 질병을 예측하여 예방할 수 있으며, 맞춤형 치료법을 제시받을 수 있게 될 것이다.

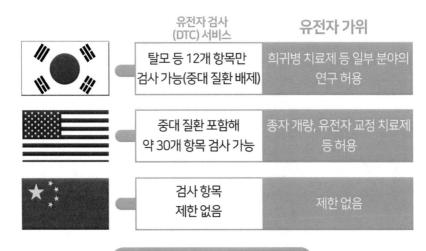

	유전자 검사 (DTC) 서비스	유전자 가위
🇰🇷	탈모 등 12개 항목만 검사 가능(중대 질환 배제)	희귀병 치료제 등 일부 분야의 연구 허용
🇺🇸	중대 질환 포함해 약 30개 항목 검사 가능	종자 개량, 유전자 교정 치료제 등 허용
🇨🇳	검사 항목 제한 없음	제한 없음

주요국 바이오 산업 규제 현황

현재 맞춤형 의학은 **선진국을 중심으로 활발하게 확산**되고 있는 추세이며, 미국 식품의약국 (FDA)은 개인의 가정용 유전자 검사 항목을 유방암, 알츠하이머 치매, 파킨슨 병 등으로 확대하 였다. **현재 국내 의료법에 따라 12개 검사 항목이 진단 가능**하며, 일본은 22개 검사 항목을 진단 할 수 있다.

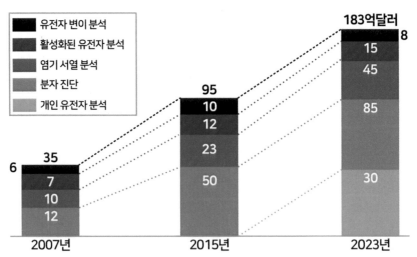

[출처: UBS, 도이치뱅크, JP모간 / 단위: 억 달러]

유전자 정보 분석 시장

2017년 3월 1일부터 우리나라도
유전자 검사에 대한 건강보험 적용이 시작되었다.

정부가 유전성 난청이나 유전성 망막색소변성 등 대물림되는 유전병과 위암과 폐암, 혈액암 등 유전자가 관여한다고 입증된 **일부 암에 대해 유전자 검사를 승인했다.** 대학병원 등 공인된 기관을 찾으면 환자는 **50%의 본인 부담금**을 내고 이 검사를 받을 수 있게 되었다. **나머지는 건강보험공단**에서 지급한다.

[출처: NIH / 단위: 달러]

1인당 게놈 해독 비용

유전자 검사는 2016년 6월부터 민간 회사들을 중심으로 소비자 직접 의뢰 방식으로 시행되어 왔으며, 이 경우 **소비자가 검사 비용을 전액 부담**해야 했다. 아직 효용성이 입증되지 않은 검사도 있으며, 비용 문제 등 다양한 문제가 있었지만 **공인된 업체를 통해 유전자 검사**를 함으로써 **질병 예방이 가능**하게 되었다.

연령별 질병과 예방

우리는 살아가면서 **나이에 따라 챙기고 관리해야 하는 것들이 많다.**

학업 측면에서는 어린이집, 유치원, 초중고대학교에 순서대로 다니는 것이 그 예다. 나이에 따라 배우는 것이 다른 건 각 환경마다 습득할 수 있는 것이 다르기 때문이다. 신체 환경도 나이에 따라 변한다.

건강은 그 환경에 맞게 관리해야 한다.

연령별 주요 질병을 통해 관리해야 하는 내용을 살펴보자.

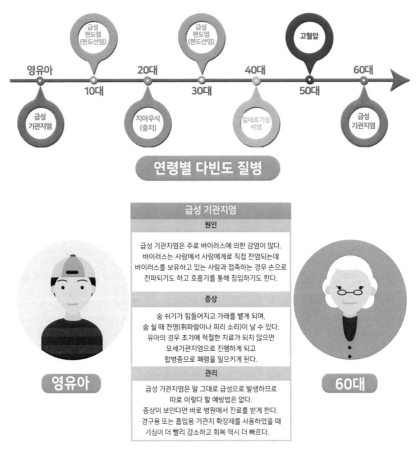

어린아이나 노인은 면역력이 약하기 때문에 급성기관지염(감기)에 자주 걸린다.

급성 편도염(편도선염)

원인
신체 저항력 저하 시 세균 및 바이러스 감염에 의해 생긴다.
미취학 아동들은 바이러스가 원인인 경우가 많고,
그 이후의 아이들은 세균이 원인인 경우가 많다.
급성 편도염은 대개 청년기 또는 젊은 성인에게 잘 발생하며,
다른 연령층은 발생률이 낮다.

증상
고열과 오한, 인후통, 인두근육의 염증이 생기면
연하곤란 증상이 나타난다.
두통, 전신 쇠약감, 관절통 등 신체 전반의 증상이 보인다.
4~6일 정도 지속되고, 합병증이 없으면 점차 사라진다.

관리
수술은 4세 이상부터 많이 한다.
편도절제술은 재발성 편도염에서 가장 흔히 시행되며
이 경우 치료 효과가 좋다.
다른 치료법을 충분히 시도했음에도 불구하고
1년에 3~4회 이상 재발하는 경우 편도절제술을 할 수 있다.

10대

30대

치아우식(충치)

원인
치아 표면에 생성된 세균막인 플라크(Plaque)가 있다.
음식물을 섭취할 때 입안에 음식 찌꺼기가 남게 되는데,
플라크를 이루고 있는 세균에 의해 입안에 남아 있는
설탕이나 전분 등이 분해되면서 발생하는 산이 치아 면의
법랑질을 공격하여 손상되면 치아 우식증이 발생한다.

증상
손상의 진행 정도에 따라 통증의 정도가 다르다.
법랑질에 한정(거의 무통증)
< 법랑질과 상아질 경계(찬 것에 시리고 단 맛에 예민)
< 상아질(차고 뜨거울 때 불편감)
< 치수(뜨거움에만 통증) < 치수괴사(심한 통증)

관리
양치질과 가글, 주기적인 스케일링이 그나마 예방법이지만
이미 진행된 경우 치과 치료 이외의 방법은 없다.
치료 방법으로는 아말감, 레진, 금, 레진 인레이 등이 있다.

20대

알레르기성 비염

원인
1. 실내에 존재하는 흡입성 알레르겐:
집먼지 진드기, 집 안에서 기르는 동물의 비듬, 바퀴벌레 분비물 등
2. 실외에 존재하는 흡입성 알레르겐:
계절성 알레르겐-꽃가루

증상
재채기, 콧물, 코/입천장/목/눈/귀의 가려움,
코 막힘, 후각 감소 등이다.
보통 20세 전 청소년기에 증상이 나타나는 경우가 많으나
유아나 성인이 된 이후에 증상이 처음 나타나는 경우도 있다.

관리
1. 알레르겐을 피하는 것
2. 약물요법
3. 알레르기 면역요법
4. 수술요법

40대

고혈압

원인
높은 연령대(조절 불가 위험 인자)는
대부분 가족력으로 발생한다.
그 외의 경우 비만, 활동 부족, 흡연, 필요 이상의 염분 섭취,
과도한 스트레스, 과도한 음주로 인한
지속적 혈압 상승이 굳어져 고혈압이 된다.

증상
고혈압은 대부분 합병증이 발생하였을 때 증상을 느껴
이미 병세가 많이 진행되었을 때 발견되며,
고혈압의 합병증으로는
출-허혈성 뇌졸중, 심부전, 심근경색, 부정맥,
고혈압성 망막증, 대동맥 박리증 등이 있다.

관리
고혈압 발생에 영향을 주는 요인을 찾아내 교정하며
바른 생활습관을 가지도록 한다.
혈압을 자주 재어 연령별 기준 수치에서 벗어나지 않았더라도
비약물적치료(절주, 금연, 규칙적 운동, 저염식)으로 관리하고
치료가 필요할 경우 병원 처방대로 약물관리를 한다.

50대

여성의 경우는
추가적으로 관리가 필요하다.

여성의 몸은 7년마다 변화된다고 한다. 10대에는 생리불순이 가장 흔한 여성질환으로 여성호르몬 균형이 잘 이루어지지 않는다. **따라서 10대에는 자궁경부암 백신주사를 맞아야 한다.** 21세가 되면 자궁과 난자들이 성숙하고, 내장 기능이 가장 왕성해져서 병에도 잘 걸리지 않지만 27세 이후 서서히 신체 능력이 저하되기 시작한다. 20-30대 임신출산기를 위해 **정기적인 산부인과 검진**을 받는 것이 좋다. 또한 30대 이후에는 스트레스와 만성 피로로 인해 더욱 관리를 해야 하며, **유방암은 자가 검진**을 통해 미리 예방하는 것이 좋다. **40대에는 자궁 근종 발생률이 높아지기** 때문에 **1년 간격으로 병원을 찾는 것을 권장**하며, 50대 이후에는 호르몬 감소로 폐경이 오기 때문에 여러 불편한 증상이 발생할 수 있다. 이 시기는 특히 건강관리에 주의해야 하는 시기이다. 60대 이후부터는 신체적인 것뿐만 아니라 심리적인 건강을 챙겨야 한다. 전체적인 **근육 이완 및 골반 근육 약화로 요실금 현상이 발생**할 수 있다.

유아기
- 성장을 방해하는 성조숙증 검사

10대
- 자궁경부암 예방접종 최적기

20대
- 정기적인 산부인과 검진 필요
- 필수항목: 자궁경부암 검사, 갑상선 검사, 인유두종 바이러스(HPV)백신접종

30대
- 갑상선, 유방암, 자궁암 검사 실시
- 필수항목: 20대 권장 검사, 자궁경부암 검사(매년), 유방검사, 골반초음파, 질 초음파

40대
- 자궁근종 발생 주의
- 필수항목: 30대 권장 검사 외 골밀도 검사

50대
- 폐경 후 증상 관리
- 필수항목: 40대 권장 검사 외 대장검사, 류머티스관절염 검사

60대 이상
- 요실금 변실금 주의
- 필수항목: 인플루엔자(독감) 예방접종

여성 권장검사 및 관리

우리는 앞서 춘추전국시대 편작의 이야기를 통해 병의 예방에 대해서 알아본 바 있다. 예방접종은 전염성 질환 발생의 예방을 위하여 시행되는데 현재 우리나라는 예방접종 지원이 잘 되어 있는 편이다. **예방접종은 영유아기와 노년기에 매우 중요**하며, 영유아기 때 예방접종을 했더라도 **지속적인 예방 효과를 위하여 추가 접종이 필요**한 것들이 있다.

영유아 국가필수 예방접종

대상 전염병명	백신종류 및 방법	0개월	1개월	2개월	4개월	6개월	12개월	15개월	18개월	24개월	36개월	만4세	만6세	만11세	만12세
결핵	BCG (피내용)	1회													
B형 간염	Hep B	1차	2차			3차									
디프테리아/파상풍·백일해	DTaP | Td·Tdap			DTaP 1차	DTaP 2차	DTaP 3차		DTaP 추가 4차				DTaP 추가 5차		Td·Tdap 6차	
폴리오	IPV (사백신)			1차	2차	3차							추가 4차		
홍역/풍진/유행성이하선염	MMR						1차					2차			
수두	Var						1차					2차			

영유아 국가필수 예방접종

대상 전염병명	백신종류 및 방법	0개월	1개월	2개월	4개월	6개월	12개월	15개월	18개월	24개월	36개월	만4세	만6세	만11세	만12세
일본 뇌염	JEV (사백신)							1 ~ 2차			3차	추가 4차		추가 5차	
인플루엔자	Flu(사백신)						매년 접종 (첫 2회 접종)						만 12세까지 연장		
	Flu(생백신)									매년 접종					
장티푸스	경구용 / 주사용													고위험군에 한하여 접종	
신증후군 출혈열	주사용						고위험군에 한하여 접종								

영유아 기타 예방접종

대상 전염병명	백신종류 및 방법	0개월	1개월	2개월	4개월	6개월	12개월	15개월	18개월	24개월	36개월	만4세	만6세	만11세	만12세
결핵	BCG (경피용)	1회													
일본 뇌염	JEV (생백신)							1차			2차	추가 3차			
B형/헤모필루스/인플루엔자/뇌수막염	Hib			1차	2차	3차	추가 4차								
A형 간염	Hep A						1 ~ 2차								
폐구균	PCV			1차	2차	3차	추가 4차								
로타바이러스	Rotavirus(로타릭스)			1차	2차										
	Rotavirus(로타텍)			1차	2차	3차									
인유두종 바이러스	2가 / 4가													1 ~ 3차	

청장년층 예방접종

대상 전염병명	19 - 29 세	30 - 39 세	40 - 49 세	50 - 64 세	65세 이상
파상풍-디프테리아-(백일해)	10년 마다 접종				
인플루엔자	매년 접종				
A형 간염	접종	항체 검사 후 접종	고위험군은 항체 검사 후 접종		
B형 간염	접종력이 불확실할 때 항체 검사 후 접종		고위험군은 접종력이 불확실할 때 항체 검사 후 접종		
홍역-볼거리-풍진	고위험군 접종				
수두	고위험군은 항체 검사 후 접종				
인유두종 바이러스	여성 접종				
수막알균	고위험군 접종				
폐렴사슬 알균	고위험군 접종				접종
대상포진					60세 이상 접종

국가 지정 5대 암 예방접종

암 명	연령	검사대상과 검사주기	본인부담
위암	40세 이상 남녀	2년에 한번씩 위장조영검사 또는 위내시경을 통해 검진 · 필요시 추가조직검사	10% 본인부담
간암	40세 이상 남녀	고위험군자를 대상으로 6개월에 한번씩 검진 · 간초음파 및 혈청알파테아단백검사	10% 본인부담
대장암	50세 이상 남녀	1년에 한번 주기적으로 분별잠혈반응검사 · 대장이중조영검사 또는 대장내시경 · 필요시 추가조직검사	본인부담 없음
유방암	40세 이상 남녀	2년에 한번 유방촬영 후 검사	10% 본인부담
자궁경부암	20세 이상 여성	2년에 한번씩 자궁경부세포검사	본인부담 없음

연령별 예방접종

미래 질병과 예방

시대에 따라 유행하는 질병은 항상 있었다. 역사를 살펴보면 유럽의 ⅓의 목숨을 앗아간 흑사병부터 천연두, 스페인 독감, 에이즈 그리고 최근에는 사스, 조류독감, 신종플루까지 여러 질병과 바이러스가 다양한 형태로 점차 진화하면서 우리를 힘들게 하고 있다.

『**꼭 알아야 하는 미래 질병 10가지**』에서는 앞으로 우리가 경험할 수 있는 미래 질병에 대해서 언급하고 혹시 발생할 수 있는 질병 대란에 대해 경고하고 있다.

예전에는 외부 환경 영향으로 전염성 질병이 많았지만 **앞으로는 내적 요인으로 인한 비감염성 질병이 많이 발생할 것**으로 예측한다.

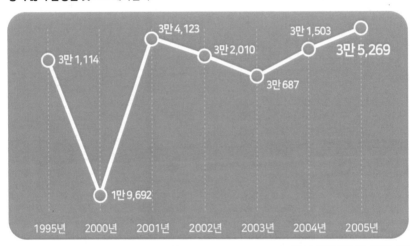

[출처: 질병관리본부 / 단위: 명]

다시 늘어나는 결핵 환자

슈퍼내성결핵이란 대부분의 **항결핵제에 내성이 생겨 사망률이 85% 이상이 되는 매우 치명적인 병**이다. 슈퍼내성결핵은 최초로 보고된 이후 G8 선진국을 포함한 28개국에서 발견되었다. 2006년 9월 세계보건기구는 기존의 약으로 치료할 수 없는 신종 '슈퍼결핵'이 유럽에서 급격히 퍼지고 있으므로 슈퍼내성결핵에 대한 경각심을 늦춰서는 안 된다고 경고했다.

우리나라도 슈퍼결핵 확산 문제에 있어 예외 지역이 아니다. 국제결핵연구센터의 연구에 따르면 국내 다제내성결핵 환자 중 **약 25%가 슈퍼내성결핵**인 것으로 분석되었다.

120 보장분석

[출처: 영국 정부 웰컴트러스트, '항생제 내성에 관한 보고서' / 단위: 명]

세계의 연평균 사망자 수

최근 **항생제에 내성을 가진 슈퍼박테리아**에 감염돼 사망하는 빈도가 에이즈 사망을 능가하고 있다. 2007년 미국 질병통제예방센터(CDC)는 메티실린에 내성을 가진 **황색포도상구균 감염자가 9만 4천 명에 달하며 이 중 약 1만 9천 명이 사망하였다고 밝혔다.** '슈퍼벅'으로 불리는 이 박테리아에 의한 사망자는 **에이즈로 인한 미국의 사상자 1만 7천 명을 2천 명가량 웃도는 수치를 보인다.**

유럽과 미국을 강타한 슈퍼 박테리아가 **우리나라에도 상륙**했다. 2013년 국내 수십 개의 병원에서 60명가량 집단으로 발견된 이후 올해에만 **국내 감염 사례 6천 건**에 임박한다.

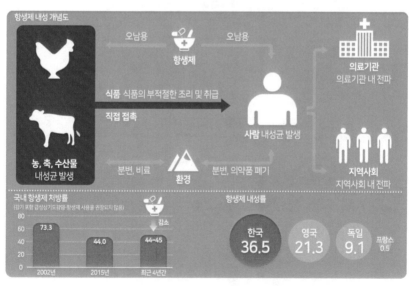

[출처: 보건복지부, 질병관리본부, 관계부처 합동 / 단위: %]

항생제 오남용으로 찾아올 슈퍼박테리아

보건복지부 등 관계부처 합동 2014년 통계에 따르면 **OECD 주요국 평균 항생제 사용량이 23.7**인데 **우리나라는 31.70이다**. 하루 동안 1천 명 중 31.7명이 항생제를 복용한다는 것이다. 그로 인해 국내 슈퍼박테리아 감염자 수는 2011년 기준 2만 2,928건에서 **2014년 3만 6,984건으로** 증가하였다. **3년 사이 38%나 증가한 것이다.**

슈퍼박테리아 예방법에는 개인 차원에서 청결을 유지하고, 가축 고기를 충분히 익혀 먹으며, 감기 등 바이러스 감염에 항생제 복용을 자제하는 방법이 있다. 하지만 이런 방법으로 **슈퍼박테리아를 예방하기는 현실적으로 힘이 든다**. 면역력을 유지하기 힘든 현대 사회에서 감기 등 바이러스에 감염되지 않기란 어렵다. 몸이 아픈데 항생제를 먹지 않고 버틴다면 더 큰 질병으로 이어질 수 있다. 그러므로 **항암제 사용을 줄이려는 사회적 노력과 함께 슈퍼 박테리아에 대한 지속적 연구가 필요하다.**

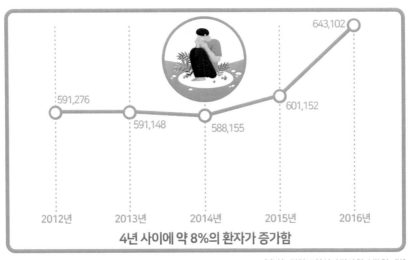

[출처: 건강보험심사평가원 / 단위: 명]

연도별 국내 우울증 환자 수 변화 추이

세계보건기구에서는 오는 **2020년경 '우울증'이 모든 연령에서 나타나는 질환 중 1위를 차지할 것으로 예측**하고 있다. **우울증**이란 다른 말로 우울 장애로 의욕 저하와 우울감을 주요 증상으로 하여 다양한 인지 및 정신 신체적 증상을 일으켜 일상 기능의 저하를 가져오는 질환이다. 우울 장애는 감정, 생각, 신체 상태 등 한 개인의 전반적인 삶에 영향을 주는 심각한 질환으로서 적절한 치료가 필요하다. **국내 주요 사망 원인 5위가 고의적 자해(자살)인 만큼 현대인에게 우울증은 심각한 질병이다.**

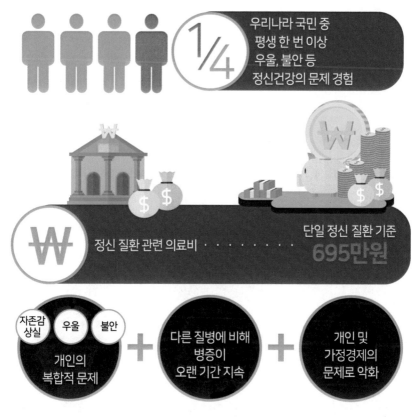

우리나라 국민 중
평생 한 번 이상
우울, 불안 등
정신건강의 문제 경험

정신 질환 관련 의료비 · · · · · · · ·

단일 정신 질환 기준
695만원

자존감
상실   우울   불안
개인의
복합적 문제
+
다른 질병에 비해
병증이
오랜 기간 지속
+
개인 및
가정경제의
문제로 악화

[출처: 한국보건사회연구원, 국민건강보험공단]

우울증의 위험성

통계를 보면 알 수 있듯 우울증은 빠른 속도로 증가하고 있다. 최근 항우울제와 인지행동 치료의 분투에도 불구하고, 우울증 발병률은 전 세계적으로 꾸준히 증가하고 있다. 우울증의 심각성을 가장 확실하게 알 수 있게 해주는 지표는 **우울증과 자살의 상관 관계**이다.

최종 결과물이 자살로 표출될 만큼 우울증은 심각한 질병이다. 전 인구의 약 15%가 한 번 이상 경험할 정도로 흔한 질병인 **우울증은 환자의 10%가 자살로 생을 마감하는 증상이다.**

정신과를 찾는 사람 중 25%가 우울증으로 인해 방문하고 그 비율도 점차적으로 증가하고 있다. **우울증 환자의 15%는 자살을 시도하고, 자살자의 80%가 우울증을 앓은 것**으로 나타난다. 예측대로 우울증이 2020년 '미래 질병 1위'로 등극한다면 **암과 같은 육체적 질병으로 인한 사망보다 우울증에 의한 사망이 더 많아질 수 있다.**

당뇨병이란 고대 이집트 시대부터 인류 역사에 깊숙이 침투해 있었던 질병으로, 현대인에게 가장 많이 발생되는 비전염성 만성 질환이다. 대표적인 증상은 오줌 속에 당이 섞여 나오는 것이다. 당뇨병은 다음, 다뇨, 다식의 증상이 특징적으로 나타나므로 '3다의 질병'으로도 불린다. 즉, 당뇨병에 걸리면 혈당이 상승하므로 갈증이 심하게 나서 밤중에도 계속 물을 마시게 되고, 따라서 소변을 자주 그리고 많이 보게 되며, 배가 고파서 자주 음식을 찾게 되지만 체중은 감소되고 매우 피로해진다. 또 피부가 가렵고 부스럼이 나서 화농되기 쉬우며 잘 낫지도 않는다. 시력도 흐려지고 신경 위축으로 통증과 안근 신경 마비 등이 나타난다.

당뇨병은 **제1형 당뇨병과 제2형 당뇨병으로 나누어진다. 제1형 당뇨병의 경우** 혈중 포도당의 수치를 낮춰 주는 **인슐린이란 호르몬이 췌장에서 분비가 안 되어 생긴다.** 통상적으로 어렸을 때 발병하므로 평생 혈당 수치를 측정하고 인슐린 주사를 맞아야 한다. 다른 치료 방법은 없다.

제2형 당뇨병의 경우 혈중 인슐린의 양이 충분하지만 어떤 이유로든 **인슐린에 저항성이 생겨 인슐린이 제구실을 하지 못해서 생긴다.** 체외에서 인슐린을 공급해 줘야 하는 제1형과 달리 제2형 환자에게는 혈당 강하제를 투여해야 하는데, 제2형의 원인 중 하나가 바로 '비만'이라고 추측된다.

- 25세 이하의 환자가 많다.
- 갈증을 자주 느끼고 소변이 증가하며 물을 많이 마시고, 체중 감소 등의 증상을 보인다.
- 유전적 요인이 있다.
- 발병 전과 발병 후 비만이 보이지 않는다.
- 인슐린 분비는 극단적으로 저하된다.
- 치료에는 인슐린 주사가 필요하다.

- 일반적으로 중년 이후에 많이 발병하며 서구적 식생활에 따라 젊은 층과 아동에게서도 발병된다.
- 발병 전과 발병 후의 비만률은 80%로 나타난다.
- 인슐린 분비는 아주 조금 저하하며, 인슐린 저항성이 일어난다.
- 식사 요법과 운동 요법을 중심으로 치료한다.
- 당뇨병 환자의 90%가 2형 당뇨병이다.

제1형 당뇨병과 제2형 당뇨병

최근 당뇨병 환자 수가 거의 전염병 수준으로 기하급수적으로 **급증하고 있다.** 국제당뇨병연맹은 **전 세계 2억 3천만 명이 당뇨병을 앓고 있으며,** 이 중 10%가 제1형 당뇨병이라고 추산하고 있다. 세계보건기구는 **당뇨병 환자가 2025년에는 지금보다 50%가량 더 늘어나고, 2030년까지 현재보다 2배(약 4억 6천만 명) 이상 증가할 것**으로 경고하고 있다. 특히 아시아의 당뇨병 환자 증가 추세는 지구적 수준을 압도하고 있다.

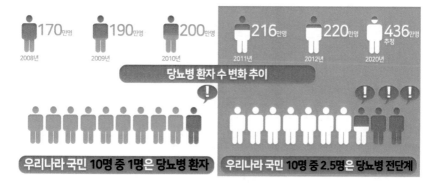

우리나라는 당뇨병으로 인한 사망률이 **OECD 국가 중 가장 높은 것**으로 보고되었다. **2017년 건강보험통계 연보를 보면 인구 10만 명당 18.2명이 당뇨로 인해 사망**한다고 한다.

2017년 우리나라의 **당뇨병 환자 수는 284만 5,850명에 달하고 있다.** 또 2016년 대비 약 17만 명이 증가하였다. 이 추세로 본다면 **항후 2020년에는 424만 명이 당뇨병을 앓게 될 것**이다.

전체 건강보험 재정의 20%가 합병증을 포함한 당뇨병 치료에 쓰이고 있다.

이런 **당뇨병의 무서운 점은** 합병증이다.

치료를 제때 하지 않으면 **합병증이 생겨 심한 경우 사망까지 한다.**

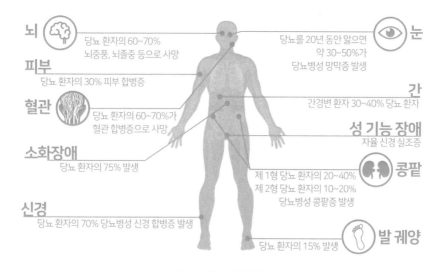

당뇨 합병증

지압과 경락

인체에는 경혈이 365개 있다. **경혈과 경혈이 이어진 선을 경락**이라고 부르며, 경락은 혈의 운행 통로로 체내 장부 기관을 연계하는 독특한 계통이다. **질병 시에 나타나는 증상들은 주로 기혈이 순조롭게 진행되지 못하기 때문**에 발생하며, 이런 경우 지압이나 경락 마사지를 통해 혈을 순조롭게 소통시키는 치료 방법을 사용할 수 있다.

지압과 경락 마사지의 차이는 무엇일까?

지압은 **경혈을 누르는 것이다.** 혈(穴: 구멍)이라 하는 것은 기(氣)가 모이고 출입하는 곳으로 기가 출입하는 구멍(穴)은 인체 표면의 여러 곳에 있다. 그중에서도 주요한 14개의 경맥(경락 중에서도 주된 줄기)을 따라 있는 것을 '경혈'이라 한다. **경락 마사지는 경혈과 경혈 사이를 자극하여 근육과 내장, 뼈 등에 걸쳐 기혈의 운행을 돕고 혈액순환을 원활하게 해주는 것을 말한다. 경락을 자극하면 피가 맑아지고 내장 기능이 향상된다.** 특히 셀룰라이트를 분해하는 효과가 있다. 365개 경혈 중 내장 기관과 직접 관계가 있으며, 쉽게 지압과 경락 마사지를 할 수 있는 경혈을 소개한다.

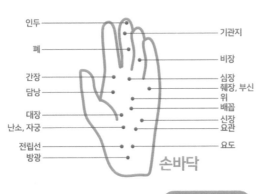

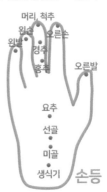

손의 경혈

『동의보감』에 따르면 "손은 얼굴과 머리에 직결되어 있다"라고 한다. **우리 손에는 1만 7천 개의 신경 가닥이 머리를 비롯하여 온몸으로 연결되어 있다.**

그래서 **손을 인체의 축소판**이라고 말하기도 한다.

소화불량, 두통, 생리통, 치통 등이 있을 때 생활요법으로 손 지압을 하는 경우가 많다. 손 관리를 통해 실제로 통증 완화 효과도 얻을 수 있지만, 막힌 혈을 찾아 질병을 예방할 수도 있다.

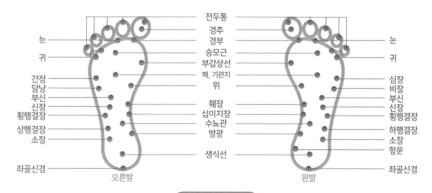

전두통
경추
경부
승모근
부갑상선
폐, 기관지
위
췌장
십이지장
수뇨관
방광
생식선

눈
귀
간장
담낭
부신
신장
횡행결장
상행결장
소장
좌골신경
오른발

눈
귀
심장
비장
부신
신장
횡행결장
하행결장
소장
항문
좌골신경
왼발

발의 경혈

발은 제2의 심장으로 불릴 정도로
우리 몸의 중요한 신체 부위 중 하나다.

인체의 모든 기관과 연결되어 발만 잘 관리해주어도 건강 증진과 질병 치료에 많은 도움이 된다. 발은 평소 걸어다닐 때 자신의 몸무게의 3~4배 정도의 힘을 지탱하며, 걷는 시간과 시간에 따라 발에 가해지는 무게는 더욱 커진다. 500미터를 걸을 때 발에 가해지는 힘은 5~7톤이며 그 힘으로 우리 몸의 혈액이 온몸으로 순환되고 심장으로 피가 잘 돌게 되는 것이다. 그러나 계속적으로 발에 피로나 무리가 오면 혈액의 순환이 잘 되지 않아 몸에 독소가 쌓이기 마련이다.

발의 각혈 자리를 자극하면 **혈액순환은 물론이고 혈 자리들이 자극되어 뇌신경의 호르몬 분비가 왕성해져 긴장되어 있던 몸을 편안하게 해준다.** 또한 혈액 공급을 도와 뭉친 근육을 풀어주고 스트레스를 줄여주며 많은 질병을 예방하는 효과까지 있다.

손과 발에 이어 **귀**도 우리 몸의 장기와 연관되어 있어 **건강과 밀접한 관계**가 있다.

귀의 표면에는 **150개 이상의 귀혈**이 분포되어 있어 **몸과 마음의 상태를 반영하고 있다.** 귀 지압법은 최초의 의서인 중국『황제내경』의 근거로 근대에 프랑스 폴 노지에 박사에 의해 연구가 발전되었으며 **세계보건기구(WHO)에 치료의 한 분야로 공식으로 등록되었다.** 귀가 기혈을 소통시키는 인체의 축소판이라는 사실을 근거로 하고 있다.

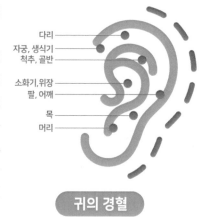

다리
자궁, 생식기
척추, 골반
소화기, 위장
팔, 어깨
목
머리

귀의 경혈

건강지표 이해하기

우리는 건강의 신호를 어떻게 확인할까?

갑자기 어디에 이상이 있어서 병원을 찾아가 보았는데 중대한 질병에 걸렸다고 하면 황당하고 허무할 것이다. 그렇게 질병은 예고 없이 우리에게 찾아오는 듯 느껴진다. 하지만 **건강지표에 대해 이해하고 평소에 관리를 한다면 무서운 병들을 피해 갈 수 있다.**

건강과 가장 밀접한 관계가 있는 것 중 하나가 **살**이다. 살이 찌면 단순히 외형적으로 뚱뚱하고 몸이 무거워 불편함을 주는 것뿐만 아니라 신체적, 정신적으로도 영향을 끼친다. 대표적으로 **성인병, 고혈압, 당뇨** 등이 있다. BMI 지수를 통해 비만도를 측정하고 예방해 보자.

BMI 지수란 **몸무게(kg)를 키(m)의 제곱으로 나눈 값**이다.

남녀 모두 **체질량 지수가 22이면 사망률이 가장 낮고,** 지수가 그보다 더 높거나 낮으면 사망률이 증가한다.

일반적으로 측정한 체질량 지수가 **20 미만은 저체중, 20~25는 정상체중, 25~30은 과체중, 30 이상은 비만, 35 이상은 고도비만**으로 본다. 연령대별로 보면 20대의 경우 17.0 이하는 저체중, 18~23은 정상체중, 24~25는 과체중, 25 이상은 비만, 30 이상은 고도비만으로 나눈다. 30대는 18.5 이하가 저체중, 18.5~24는 정상체중, 25~30은 과체중, 30 이상은 비만, 40 이상을 고도비만으로 구분한다.

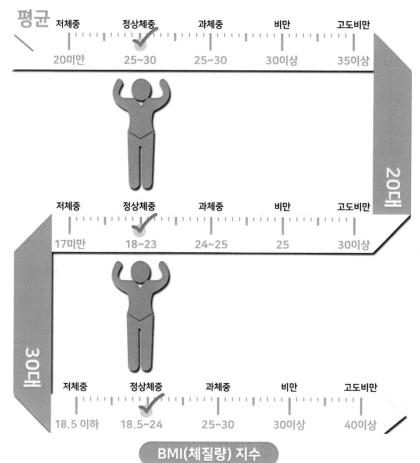

평균

저체중	정상체중	과체중	비만	고도비만
20미만	25~30	25~30	30이상	35이상

20대

저체중	정상체중	과체중	비만	고도비만
17미만	18~23	24~25	25	30이상

30대

저체중	정상체중	과체중	비만	고도비만
18.5 이하	18.5~24	25~30	30이상	40이상

BMI(체질량) 지수

앞서 말한 당뇨병을 소위 **'침묵의 살인자'**라고 부른다.

당뇨병은 오랜 기간 증상을 느끼지 못한 채 꾸준히 진행되며, 자신이 당뇨병인지 모르고 지내다가 뒤늦게 진단을 받게 되고, 한순간에 합병증을 불러온다. 당뇨병은 완치가 되지 않는 병으로 평생 관리해야 한다. 하지만 생활 습관을 철저히 통제한다면 당뇨병은 더 이상 두려운 병이 아니다.

혈액검사를 통해 당뇨를 진단받을 수 있다.

8시간 이상 금식 후에 측정한 혈당이 126mg/dL 이상이거나, **경구 당부하 검사 2시간 후 혈당이 200mg/dL 이상인 경우**를 당뇨병이라 한다.

물을 많이 마시거나 소변이 많아지고 체중이 감소하는 동시에 식사와 무관하게 **측정한 혈당이 200mg/dL 이상일 때도 당뇨병**으로 진단한다.

- 25세 이하의 환자가 많다.
- 갈증을 자주 느끼고 소변이 증가하며 물을 많이 마시고, 체중 감소 등의 증상을 보인다.
- 유전적 요인이 있다.
- 발병 전과 발병 후 비만이 보이지 않는다.
- 급격한 발병의 경우가 많다.
- 인슐린 분비는 극단적으로 저하.
- 치료에는 인슐린 주사가 필요하다.

- 일반적으로 중년 이후에 많이 발병하며 서구적 식생활에 따라 젊은 층과 아동에게서도 발병된다.
- 유전성이 짙다.
- 발병 전과 발병 후의 비만률은 80%로 나타난다.
- 인슐린 분비는 아주 조금 저하하며, 인슐린 저항성이 일어난다.
- 식사 요법과 운동 요법을 중심으로 치료한다.
- 당뇨병 환자의 90%가 2형 당뇨병이다.

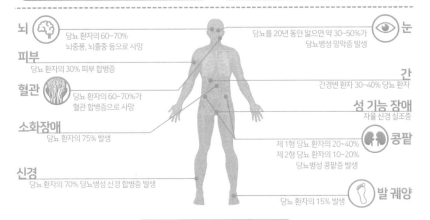

당뇨병의 종류와 합병증

혈압은 신체 각 부위 혈액 공급에 아주 중요한 요소이다.

심장이 수축·이완할 때 혈관에 가해지는 압력을 측정해서 수축기 혈압이 140mmHg 이상인 경우 고혈압, 120mmHg 이상인 경우 고혈압 전 단계를 의심하며 이완기 혈압이 90mmHg 이상인 경우 고혈압, 80mmHg 이상인 경우 고혈압 전 단계를 의심해야 한다.

고혈압은 나이가 많을수록 발생 위험도가 높아지는데, 혈관이 수축되거나 혈전이 생겨 발생하는 경우가 많다. 고혈압은 가족력 영향도가 높은 편이어서 혈압 검사를 통해 미리 병을 진단하고 식이요법 및 운동을 통해 개선해 나가야 한다.

간은 우리 체내 각종 노폐물을 깨끗하게 청소해주는 해독 기관이며 알콜 및 몸의 피로, 스트레스 등으로 **간 기능이 저하되면 해독 능력의 저하**로 인해 각종 질병의 위험에 노출된다. 간 관련 검사로는 AST(GOT), ALT(GPT) 검사가 있다. **간 기능이 나빠지면 AST와 ALT의 수치가 올라간다.**

AST: 아스파라긴산 아니모트랜스페라아제(GOT: 글루탐산 옥살로아세트산 트랜스아미나아제)

AST	
● 11 ~ 33: 정상 수치 　● 33 ~ 100: 가벼운 증가 　● 100 ~ 500: 중간 정도의 증가	
● 500 ~ 1,000: 고도의 증가 　● 1,000 이상: 초고도의 증가	

ALT: 알라닌 아미노트랜스페라아제(GTP: 글루탐산 피루빈산 트랜스아미나아제)

ALT	
● 6 ~ 43: 정상 수치 　● 43 ~ 100: 가벼운 증가 　● 100 ~ 500: 중간 정도의 증가	
● 500 ~ 1,000: 고도의 증가 　● 1,000 이상: 초고도의 증가	

AST & ALT 검사

고지혈증은 필요 이상으로 많은 지방 성분 물질이 혈액 내에 존재하면서 혈관벽에 쌓여 염증을 일으키고 그 결과 심혈관 질환을 일으키는 상태이다. 고지혈은 대부분 증상이 없지만 **합병증이 발생되며, 혈액 내 중성지방이 크게 증가하면 췌장염이 발생**할 수 있다.

고지혈증 관련 검사로는 **콜레스테롤 검사**가 있다. 총 **콜레스테롤이 220 이상, 중성지방이 150 이상, LDL 콜레스테롤이 140 이상, HDL 콜레스테롤이 40 미만 중 하나에 해당하면 고지혈증**으로 진단된다.

LDL

- ● 20 이하: 고도의 감소
  저 베타 리포단백질 혈증 호모 접합체, 간경변, 전격성 간염, 약액질에서 보이는 수치이다.
- ● 20 ~ 60: 가벼운 감소
  저 베타 리포단백질 혈증 헤테로 접합체, 갑상샘 기능항진증, 만성 감염증 등에서 보이는 수치이다.
- ● 60 ~ 140: 정상 수치
- ● 140 ~ 190: 가벼운 증가
  중고도 증가와 같은 지병과 통풍, 고요산혈증, 임신, 약품 투여 (스테로이드제, 경구 피임약, 베타 블로커)에서 보이는 수치이다.
- ● 190 ~ 300: 중고도의 증가
  가족성 고지혈증, 특발성 고지혈증, 당뇨병, 갑상샘 기능 저하증, 말단 비대증, 하수체 기능 저하증, 쿠싱 증후군, 폐쇄성 황달, 간세포암, 네프로제 증후군에서 보이는 수치이다.
- ● 300 이상: 고도의 증가
  가족성 고지혈증, 가족성 결함 아포단백질 B 혈증에서 많이 보이는 수치이다.

HDL

- ● 20 이하: 고도의 저하
  레시틴 콜레스테롤 아실 트랜스페라아제 결손증 등 매우 드문 질환에서 보이는 수치이다.
- ● 20 ~ 40: 저하
  고지혈증, 비만, 당뇨병, 갑상샘 기능 항진증, 간경변, 만성 신부전, 골수종, 뇌경색 증에서 보이는 수치이다.
- ● 40 ~ 65: 정상 수치
- ● 65 ~ 100: 증가
  콜레스테롤 에스테르 운반 단백질 결손증, 간성리파아제 결손증에서 많이 보이는 수치이다.
- ● 100 이상: 고도의 증가
  CETP 결손증, 간성 리파아제 결손증에서 많이 보이는 수치이다.

LDL & HDL 콜레스테롤 수치

약 이용 설명서

우리는 아플 때, 일반적으로 병원 진료 후 처방받은 약을 복용한다.

하지만 대부분 처방받은 약이 어떤 성분인지 자세히 알고 복용하지는 않는다. 아무리 약 처방은 전문가에게 맡긴다 하지만 내가 먹는 약에 대해서 알 권리는 있지 않은가?

수많은 제약회사에서 같은 성분의 약을 여러 종류로 출시하다 보니 어떤 약인지 알기가 쉽지가 않다. 당연히 몸이 건강할 때는 약을 먹지 않지만 몸이 좋지 못할 때는 여러 가지 질병이 한꺼번에 오기도 하여 여러 종류의 약을 먹을 때도 있다.

약에도 궁합이 있어 같이 먹지 말아야 할 약이 있는가 하면, 사람마다 맞는 약이 다를 수 있다. 어떠한 약을 먹었을 때 부작용이 있었다면 그 약은 피해야 한다.

분할선 선택   약 모양   약의 색상   약의 이름

약학정보원

약에 대해 궁금할 경우, **약학정보원**을 통해 **약의 정보를 확인할 수 있다.** 약 색깔 및 모양, 약에 적힌 식별 정보를 검색할 수 있으며, 제품 이름으로도 검색할 수 있다. 이를 통해 의약품의 성분을 알 수 있어 **부작용이나 알레르기를 사전에 피할 수 있다.**

약의 효능이 비슷해지면서 사람들은 약값이 저렴한 약국을 찾는데

왜 약국마다 약값이 다른 것일까?

처방에 의한 조제의 경우 **국민건강보험공단의 계산법**에 따라 **약값과 조제료 등의 기술료를 포함**해 일정 금액이 책정된다. 따라서 **건강보험이 적용되는 약인 경우는 본인 부담금 금액은 똑같을 수밖에 없다.** 그럼에도 약값이 다른 이유는 가산 금액이 붙거나 처방 일수가 다른 경우, 약의 종류가 다른 경우뿐이다. 또한 비타민제와 같은 보조제인 경우는 약국마다 가격을 달리 정할 수 없다.

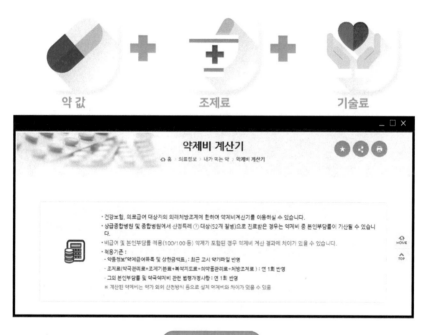

약 값 ＋ 조제료 ＋ 기술료

약제비 계산기

약값 계산법

그런데 **건강보험적용이 안 되는 본인 부담금 100% 약**인 발기부전 치료제나 탈모치료제의 경우 **(비급여 약)** 약국에서 자체적으로 가격을 정할 수 있다.

하지만 무조건 싸다고 좋은 것은 아니다. 스스로 본인에게 맞는 약을 선택해야 하며 약사는 친절한 서비스로 환자들에게 맞는 약품을 제공해야 한다.

약제비는 건강보험심사평가원에서 제공하는 **약제비 계산기를 통해 확인할 수 있다.**

우리는 약의 유통기한을 알았나?

특히나 처방받은 약의 경우는 유통기한을 알고 싶어도 알 수 없다.

오래된 약을 먹으면 약 효능도 떨어지지만 간에 무리가 갈 수 있어 각별히 주의해야 한다.

대한약정을 통해 약의 유통기한을 살펴보면 '약의 주성분이 표시량의 90%에 이르는 기간을 말한다'라고 명시되어 있다. 따라서 **약 보관 상태에 따라 유통기한도 변할 수 있다**고 이해하면 된다.

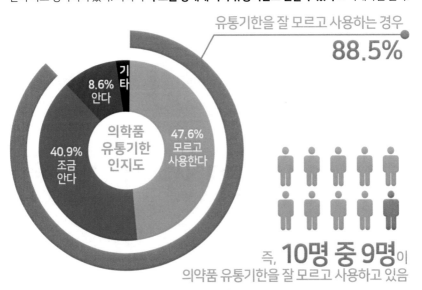

유통기한을 잘 모르고 사용하는 경우
88.5%

기타 **8.6%** 안다

40.9% 조금 안다

의학품 유통기한 인지도

47.6% 모르고 사용한다

즉, **10명 중 9명**이
의약품 유통기한을 잘 모르고 사용하고 있음

의약품 유통기한의 이해도

통약은 영양제처럼 1통에 담겨 있는 약을 의미하며 **개봉 후에는 1년 정도 복용**하고, 보관 환경이 열악한 경우에는 6개월 정도 복용이 가능하다.

조제받은 알약의 일반적인 보관 기간은 2개월이며, 낱개 포장된 제품은 **포장 상하단에 유통기한이 명시**되어 있다. **가루약**의 경우 보관기한은 1개월 정도를 권장한다.

시럽약의 보관기한은 1달이며, **다른 시럽과 섞어 먹이는 경우는 2주 정도 보관**하는 것을 권장한다. 다만 **보관 환경이 나쁘거나 냉장 보관이 필수인 약의 경우는 1주 정도**를 권장한다.

안약이나 **안연고**는 **개봉 후 1개월 사용을 권장**하며, **일반 연고**는 **개봉 후 6개월까지** 사용가능하다. 처방받는 **연고통의 연고인 경우는 1개월** 정도 사용이 가능하다.

한약인 경우 **밀봉된 상태에서 3개월까지 권장**되고 있다. 보통 밀봉된 경우 **유통기한이 표시되어 있다.**

통약	개봉 후 **1년** 보관환경에 따라 **6개월**	안약, 연고	안약, 안연고 **1개월** 일반연고 **6개월**
제조받은 약	일반적으로 **2개월** 가루약, 시럽약 **1개월**	한약	밀봉상태 **3개월** 별도 유통기한 확인

약품의 유통기한

우리는 일상생활을 하면서 **아프지 않더라도** 건강보조제 식품이나 한약, 다이어트 약, 우울증 관련 약 등 **다양한 약을 먹을 수 있다.** 하지만 그로 인한 부작용 사례들도 어렵지 않게 찾을 수 있다. 그렇기 때문에 약 복용에 관련해서는 **전문가 상담을 먼저 받아야 함을 명심하도록 하자.**

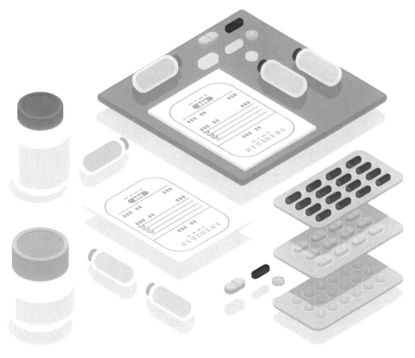

셀프 보장분석 3

1. 건강체 할인

보험 상품에 따라
건강체 할인(우량체 할인)을 받을 수 있다.

보험은 아플 때 보험금을 지급하는 계약으로서 건강한 사람이 아플 가능성은 그렇지 않은 사람보다 떨어진다. 따라서 **건강한 사람에 대해 일정한 할인 혜택**을 주는 것이 건강체 할인이다. 건강 측정 요소에는 **비만, 혈압, 당뇨, 비흡연** 등이 있다. 신규 가입은 물론 기존 가입 상품의 할인도 가능하다(상품마다 차이가 있을 수 있음).

건강체 할인은 주로 생명보험 상품에 적용하고 있다.

건강체 할인을 위해서는 우선 담당 회사에 문의하여 적용 여부를 확인해야 한다. 적용 가능 상품인 경우 건강검진을 하여 키, 몸무게, 혈압, 소변검사(니코틴 검사), 혈액검사(당뇨) 정보를 보험사에 제공하면 할인 가능 여부를 알 수 있다.

가족력, 유전자 검사, 체질 등을 통해 알게 된 본인의 예상 질병에 비해 보유한 보험의 보장이 부족할 때는 추가로 보험에 가입하면 되지만 부담스러울 수 있다.

그럴 경우는 특약과 갱신형 상품을 활용하면 좋다.

주보험
계약을 유지하기 위해 필수적으로 가입해야 하는
보장내용

특약
주보험에 가입하고 나서 추가적으로 고객의 의사에
따라 가입할 수 있는 보장 항목
상품에 따라 특약 내용을 추가 및 삭제할 수 있다.

2. 특약과 갱신형 상품 활용

특약이란 기본적인 **주계약의 보장 내용을 확대, 보완, 재해, 질병, 상해에 대한 추가 보장** 등과 같이 **주계약의 내용 보완**을 위해 주계약에 부가해서 판매하는 것을 말한다. 보험사마다 차이는 있지만 특약 첨부가 가능한 상품이 있다. 만약 뇌혈관 진단금이 부족한 경우 뇌혈관 특약을 첨부하면 된다.

운전자보험에 가입해야 할 경우 운전자보험에 신규로 가입하는 것보다 **기존 건강보험에 특약으로 가입하면 보험료가 더 저렴하다.**

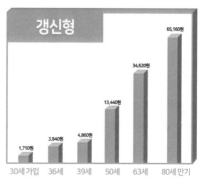

갱신형 보험은 그림과 같이 처음에는 보험료가 비갱신형보다 크지 않지만 갱신될 때마다 보험료가 올라가며 만기 시까지 계속 보험료를 지불해야 한다. 하지만 **지금 당장 보험료가 부담될 때에는 갱신형 보험 활용도** 고려해 봐야 한다.

보험료 납입면제란 질병에 걸렸을 때 **보장은 그대로 유지되나** 말 그대로 **보험료 납입은 면제**되어 더 이상 보험료를 납부하지 않아도 되는 기능이다.

납입면제 기준은 회사 및 상품마다 차이가 있지만 **3대 질병**(암, 뇌졸중/뇌출혈, 급성 심근경색)

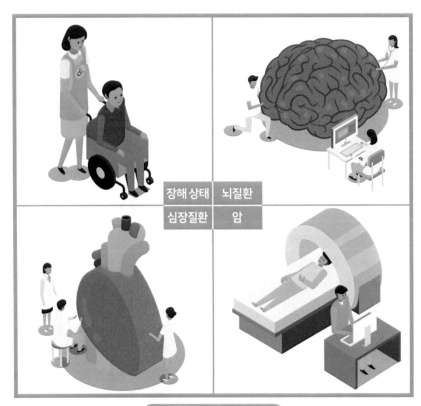

장해 상태	뇌질환
심장질환	암

3. 보험료 납입면제

진단을 받거나 **일정 이상의 장해 상태**인 경우 납입면제를 해주는 경우가 많다. 그리고 **선지급 보험 상품(CI보험, GI보험)은 선지급 사유가 발생할 경우** 납입면제를 해주기도 한다.

특히 **생명보험회사의 납입면제**는 **보험료를 보험회사에서 대신** 납입해주는 것으로 고객의 보험 상품 보험 환급금이 쌓이게 되어 여유 재원으로도 활용할 수 있다.

납입면제는 주계약에서 자동으로 보장하거나, 특약의 형태로 보험료를 지불하고 가입할 수가 있다. 특약의 형태로 가입할 경우, 나이가 많을수록 보험료가 많이 발생하며, 갱신형인지 비갱신형인지 비교해서 가입하는 것이 중요하다.

보험으로 돈을 벌려고 하면 안 된다. 보험은 만약의 사고나 상황을 대비해 가입해 두는 것이다. 그런데 만약을 대비한 보험 상품이 일반적인 생활에 무리를 준다면 좋은 현상이라고 할 수 없다. 주객이 전도되면 안 된다.

적당한 보장성 보험료는 생활비의 10~12% 이내가 적절하다. 보장자산을 늘리면 보험료는 당연히 늘어날 수밖에 없다. 그러나 효율적으로 보장자산을 활용하기 위해서는 보험 상품의 특성을 잘 파악하여 가입해야 한다.

기존 보장 내역				
사망	3대 질병	입원	수술	기타
1억	5천만원	일 3만원	10만원~300만원	입·통원실비

종신보험 1억 가입	+20만원	종신보험 + 3대 진단 특약 + 정기특약	
건강보험(손해)	+6만원	-17만원(건강체 할인)	
건강보험(생명)	+10만원	건강보험(손해) + 운전자 보험 특약	
실비보험	+2만원	-8만원	
운전자보험	+2만원		
총 50만원		총 합계 25만원	

보험금과 보험료는 비례 관계

보험 상품을 잘 활용하면 보험료를 얼마든지 줄일 수 있다.

보험금도 중요하지만 보험료도 중요하다는 것을 반드시 기억하자.

신호위반으로 횡단보도 지나는 할머니를 치었어요!

고객이 울먹이며 전화가 왔다. 신랑이 교통사고를 내서 경찰서에 있다는 것이었다. 너무 겁이 나서 혼자 가지 못하겠다고 같이 가줄 것을 청했다. 고객을 태워 울산의 한 경찰서로 갔다. 상황은 이랬다. 영업직에 있던 신랑은 운전하는 시간이 많았다. 그날도 거래처에 들렀다가 근무처로 돌아가던 길이었다. 샘플 재고를 파악하고 고객에게 다시 연락을 했다. 자동차는 그의 사무실이었다. 그리고 계속 울리던 전화에 신경 쓰다 길 건너던 행인을 못 본 것이다. 70대의 할머니는 일어서질 못했고 재빨리 병원으로 모셨다. 보호자가 도착하여 내용을 듣고 경찰에 신고를 한 것이다. 조사를 받았지만 형사 합의의 과정이 남아 있었다. 할머니의 치료 경과를 봐야 합의를 할 수 있다니 빠른 해결은 힘들어 보였다.

위의 피해자의 치료비와 별도로 지게 되는 가해자의 형사적, 행정적 책임을 위해 운전자보험이 필요하다. 12대 중과실에 해당하는 사고였으니 피해자의 사망이나 중상해가 아니더라도 형사 합의가 필요한 경우이다. **자동차보험에서는 민사적 책임을 보상해준다. 하지만 형사적, 행정적 책임은 별도의 문제**이다. 사고의 경중에 따라 징역형, 금고형, 벌금형 등의 형사적 책임이 있고 면허취소나 정지, 과태료 부과 등의 행정적 책임이 있다. 또한 동승자와 중상해사고까지 보장을 받기 위해서는 **'교통사고처리지원금'이라는 보장이 있어야 한다.** 과거의 '형사합의지원금'보다 폭넓은 보장의 개념이다. 아직도 자동차보험만 있으면 다 보장되는 것으로 오해하면 안 될 일이다.

평범한 사람이 형사 문제를 겪게 되었으니 충격이 컸을 것이다. 고객은 작게라도 들어둔 운전자보험이 이렇게 쓰이는 건지 몰랐다며 다행스러워했다. 편리하지만 무서운 것이 운전이라며 자긴 당분간 핸들을 못 잡을 것 같다고도 했다. 하지만 그 신랑은 그의 사무실을 타고 여전히 고속도로를 누빈다.

Part 4
보고

보험 공시정보 확인하기

좋은 보험사와 보험 상품을 선택하기 위해서는 어떠한 정보들이 필요할까? 우리는 현재 정보의 홍수라고 할 정도로 많은 정보를 접하고 있다. 그중 객관적이고 공신력 있는 정보를 잘 선별해야 올바른 선택의 기준을 가질 수 있다.

> 보험에 대한
> 객관적이고 공신력 있는
> 정보는 어디서
> 얻을 수 있나요?

금융감독원에서는 보험 가입 내역 및 보험 상품별 공시이율 비교, 숨은 보험금 찾기 등 다양한 보험 상품 활용 콘텐츠를 제공하고 있다.

FINE 파 인 금융소비자 정보포털	
온라인 보험슈퍼마켓 **보험다모아**	자동차 보험, 실손 보험, 여행자 보험 등 보험료와 보장 비교
내보험다보여	가입 상품의 세부 보장내역, 실손 보험 중복가입 여부 확인
🔍 **내보험 찾아줌 (ZOOM)**	가입한 보험계약과 숨은 보험금 확인
연금저축 통합공시	연금저축신탁, 연금저축보험, 연금저축펀드의 상품별 장단점과 특징, 수익률 및 수수료 등의 비교

1. 금융감독원 금융정보포털 [파인] 활용

보험협회(생보, 손보)에서는 보험 상품을 선택할 때 보험 소비자들에게 도움을 주고자 인터넷 홈페이지 공시실에서 각 보험사별 상품 정보를 비교할 수 있도록 하고 있다. 상품 비교 공시에서는 각 회사별 상품명과 보장 내용, 보험료 및 해지 환급금, 운용(공시)이율 등의 주요 정보를 공통된 기준으로 공시하고 있다.

2. 보험협회 상품 비교 공시 시스템

보험협회에서는 보험 회사별 재무 건전성 자료를 제시함으로써 보험 소비자가 보험회사를 잘 선택할 수 있게 한다. 지급 여력 비율 및 당기 순이익, 민원 건수, 보험금 부지급률 및 설계사 정착률 등 다양한 정보를 제공하고 있다.

3. 보험협회 보험사별 재무 건전성 확인

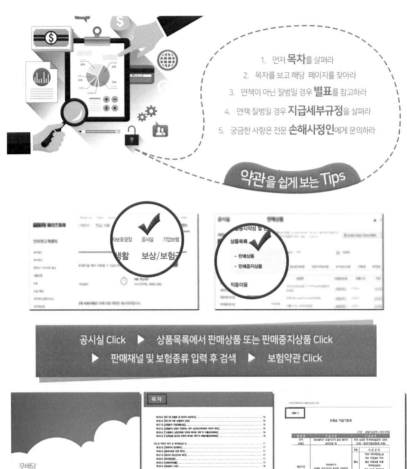

1. 먼저 **목차**를 살펴라
2. 목차를 보고 해당 페이지를 찾아라
3. 면책이 아닌 질병일 경우 **별표**를 참고하라
4. 면책 질병일 경우 **지급세부규정**을 살펴라
5. 궁금한 사항은 전문 **손해사정인**에게 문의하라

약관을 쉽게 보는 Tips

공시실 Click ▶ 상품목록에서 판매상품 또는 판매중지상품 Click
▶ 판매채널 및 보험종류 입력 후 검색 ▶ 보험약관 Click

4. 보험사 보험 증권 및 약관 확인

보험회사는 공시실을 통해 보험 약관 정보를 제공하고 있으며, 고객 요청 시 팩스나 우편으로 보험 증권을 교부하고 있다. 약관 확인에 대한 자세한 설명은 **'보고' 파트의 '약관 확인' 챕터**를 참고하자.

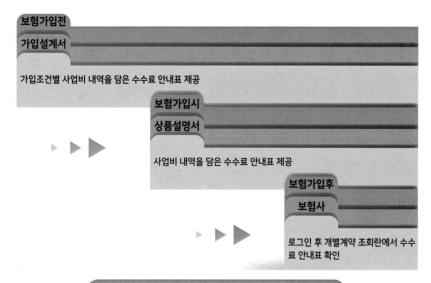

보험가입전

가입설계서

가입조건별 사업비 내역을 담은 수수료 안내표 제공

보험가입시

상품설명서

사업비 내역을 담은 수수료 안내표 제공

보험가입후

보험사

로그인 후 개별계약 조회란에서 수수료 안내표 확인

5. 보험 상품 가입 단계별 환급금 안내표

보험회사는 보험 상품(저축성)의 환급 금액 및 수수료를 알기 위해 보험료 대비 적립금 및 해지 환급금 비율을 제공하고 있다.

기준일자	계약일	최종납입월	납입횟수	주계약보험료(A)	보험계약대출	환급률(%)	해약환급금	투입보험료	총납입보험료
			59	5,900,000	0	85.86	4,651,797	86,540	5,500,000

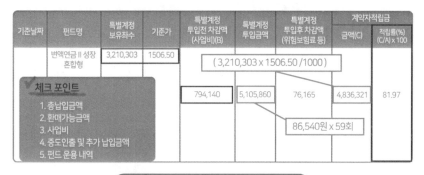

기준날짜	펀드명	특별계정 보유좌수	기준가	특별계정 투입전 차감액 (사업비)(B)	특별계정 투입금액	특별계정 투입후 차감액 (위험보험료 등)	계약자적립금 금액(C)	적립률(%) (C/A) x 100
	변액연금 II 성장 혼합형	3,210,303	1506.50	(3,210,303 x 1506.50 /1000)				
				794,140	5,105,860	76,165	4,836,321	81.97
					86,540원 x 59회			

체크 포인트
1. 총납입금액
2. 환매가능금액
3. 사업비
4. 중도인출 및 추가 납입금액
5. 펀드 운용 내역

6. 변액 보험 자산운영보고서

보험 상품 중 변액보험은 적립금을 투자 상품으로 운영하기 때문에 자산변동이 일반 상품 대비 크다. 따라서 자산운영보고서를 통해 변동되는 내 보험 적립금을 확인할 수 있다. 자산운용보고서는 보유한 상품의 보험사에서 3개월마다 발송해준다.

내 보험 찾기

한국 평균 보험 계약 수를 보면 1인당 약 4개 정도의 보험 상품을 보유하고 있는데, 따로 신경을 쓰지 않으면 어떤 보험에 가입했고 어떤 보장을 받는지 정확히 파악하는 것이 어렵다. 심지어 보험금을 청구할 수 있는 사항이 있음에도 불구하고 여러 이유로 청구하지 않은 경우도 많다.

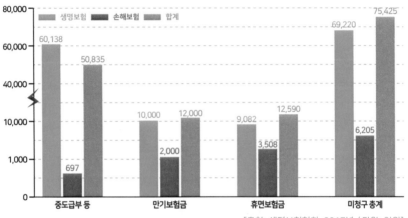

[출처: 생명보험협회, 2017년 / 단위: 억원]

보험금 미청구 금액

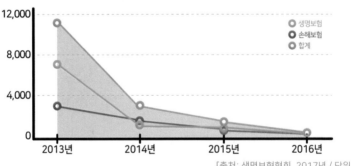

[출처: 생명보험협회, 2017년 / 단위: 건]

상속인 보험금 찾아주기 실적 추이

내가 가입한 보험 상품에 대한
내용을 확인하는 방법은 무엇일까?

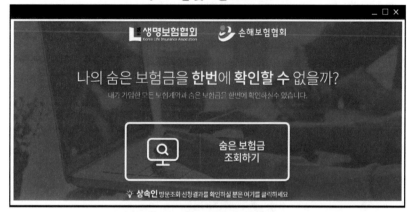

내보험 찾아줌 사이트

첫 번째는 **생명, 손해보험협회**에서 주관하는
내보험 찾아줌을 활용하는 방법이다.

내보험 찾아줌 사이트는 가입한 보험 계약은 물론 숨은 보험금 조회도 가능하며, 상속인일 경우 보험금 조회 신청도 가능하다. 41개 보험사의 내용을 모두 확인할 수 있지만 우체국 및 조합 공제는 확인할 수 없다.

숨은 보험금 조회는 간단한 인증 절차를 통해 조회가 가능하며 **중도 보험금, 만기 보험금, 휴면 보험금** 3가지 종류를 확인할 수 있다.

두 번째는 **신용정보원**의 **내보험다보여**를 활용하는 방법이다.

자신의 보험 가입 내역과 과거 보험 가입 내역을 확인할 수 있다. 지금은 **2006년 6월 이후 가입한 보험 정보에 한하여 제공**하고 있으며, 자동차, 화재, 배상 보험 내용은 따로 제공되지 않고 있다. 현재 금융감독원 '파인'에서도 '내보험다보여' 서비스를 활용할 수 있다.

세 번째는 **민간 회사에서 운영하는**
보험 어플리케이션을 활용하는 방법이다.

레몬클립

보맵

보험클리닉

굿리치

보갑

토스

보험 관련 어플리케이션

내용은 '내보험다보여'와 흡사하나 각 회사마다 제공하는 서비스에는 차이가 있다.

민간 회사에서 운영하는 서비스 이용 시 관련 내용이 마케팅으로 활용될 수도 있다.

네 번째는 **보험회사**를 통해 **보험 가입 내역을 확인하는** 방법이다.

보험 상품은 보통 월 불입 형태로 매달 통장(카드)에서 이체되고 있으니, 어떤 보험사에서 자동 이체되는지 확인할 수 있다. 관련 보험회사 콜센터에 전화하면 보험 내용을 확인해 볼 수 있다.

생명보험회사명	콜센터 전화번호
한화생명	1588-6363
ABL생명	1588-6500
삼성생명	1588-3114
흥국생명	1588-2288
교보생명	1588-1001
DGB생명	1588-4770
미래에셋생명	1588-0220
KDB생명	1588-4040
DB생명	1588-3131
동양생명	1577-1004
메트라이프생명	1588-9600
푸르덴셜생명	1588-3374
신한생명	1588-5580
PCA생명	1588-4300
ACE생명	1599-4600
ING생명	1588-5005
하나생명	(080)3488-7000
KB생명	1588-9922

생명보험회사명	콜센터 전화번호
BNP파리바생명	1688-1118
현대라이프생명	1577-3311
라이나생명	1588-0058
AIA생명	1588-9898
NH농협생명	1544-4000

손해보험회사명	콜센터 전화번호
메리츠화재	1566-7711
한화손해보험	1566-8000
롯데손해보험	1588-3344
MG손해보험	1588-5959
흥국화재	1688-1688
삼성화재	1588-5114
현대해상	1588-5656
KB손해보험	1544-0114
DB손해보험	1588-0100
AIG손해보험	1544-2792
NH농협손해보험	1644-9000
ACE손해보험	02-2127-2400

생명·손해 보험사 콜센터 번호

자세한 내용은 보험 증권 및 보험 약관을 통해 확인할 수 있다.

보험 증권은 **보험 내역을 간단히 확인할 수 있는 서류**로 보험사에 본인이 직접 요청할 경우 팩스나 우편으로 받을 수 있다.

보험 약관은 보장 내용에 관련된 **자세한 내용이 첨부된 서류**로 보험사 홈페이지를 통해 정보를 확인할 수 있다. **보험사 홈페이지 공시실에서 보험 약관 조회도 가능하다.**

보험 증권 분석

보험 증권이란?

보험 증권이란 보험계약의 성립을 증명하는 문서이다.
보험 증권은 보험종목, 보험금액, 보험기간, 보험금을 지급받을 자의 주소와 성명 등이 기재된 본문과 보험계약을 기재한 내용으로 구성되어 있다.
보험계약자의 청구에 의해 보험회사가 교부하도록 규정하고 있다.

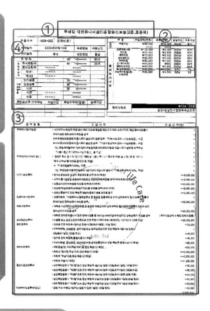

확인사항

① 상품 유형 확인!

② 보장 기간, 납입 기간 확인!

③ 보장 내용 확인!

④ 보험계약 권리지정 확인!

보험 증권 확인사항

보험 증권을 통해 **상품 종류와 납입 기간, 보장 기간, 보장 내용, 보험 권리지정** 등을 파악해야 한다. 상품 종류는 간단히 보험명만 들어도 가능할 수 있는데, 정확한 내용은 보험 약관을 살펴봐야 한다. 보험은 **생명보험인지, 손해보험인지, 저축 상품인지, 보장 상품인지, 금리형인지, 변액 상품인지 살펴봐야 한다.** 혹시나 저축을 목적으로 가입했는데 상품이 보장성이 아닌지 살펴보는 것도 중요하다. 최근에는 각 보험사마다 보장해주는 범위가 겹치는 것이 많아지긴 하였지만 **보장 범위 및 보장 특징의 차이가 있기 때문에** 생명보험회사인지 손해보험회사인지 파악하는 것도 중요하다. 마지막으로 **투자 여부에 따라 변액 상품과 일반 상품으로 나눌 수 있다.** 적립 보험료가 투자 상품으로 이루어지면 일반 상품 대비 예정 이율이 낮게 측정되므로 **변액 보장성 상품인 경우 보험료가 일반 상품보다 저렴한 편이다.** 대신 투자 성과에 따라 적립 보험료가 달라지기 때문에 **수익률 관리가 매우 중요**한 상품이기도 하다.

| 보험목적 | 보험회사 종류 | 적립금 투자여부 | 특정보험 대상에 따라 |

상품 종류 파악

보험 상품을 확인할 때 첫 번째로는 상품 종류와 함께
주보험이 어떤 상품인지 파악해야 한다.

주보험은 그 **보험 상품이 유지되는 조건**이기도 하다.

**주보험의 계약이 성사되어야 특약에도 가입할 수 있는데, 특약에 가입하기 전 주보험이 본인이
원하는 보장 내용인지 확인하는 것이 중요**하다. 자세한 설명은 **'보호' 파트**의 **'특약과 갱신형 상품
활용' 챕터**를 참고하면 된다.

주보험 파악

두 번째로 확인해야 하는 내용은 보장 기간과 납입 기간이다.

보험 계약을 하는 경우 '몇년 납, 몇년 만기 상품'이라는 표현을 많이 하는데 말 그대로 **납기는 납입 기간이며, 만기는 보장 기간을 의미한다.** 100세 시대이기에 보장 기간이 길어야 하는데, 예전 보험 상품 중에는 70세 만기, 80세 만기 상품들이 많았으므로 **보장 기간이 언제까지인지 살펴봐야 한다.**

> **Tips**
> 보험에 가입할 때는 가장 많은 의료비 (치료비, 수술비, 간병비)가 드는 노후에 보장을 받을 수 있도록 기간을 설정하는 것이 좋다.

활동적인 노후

신체 쇠약

노동력 상실

간병 필요

임종 준비

사망 및 질병 발생시기	59세	60~69세	70세 이상
사망	21.4%	13.0%	65.2%
암	51.7%	24.0%	24.2%
뇌혈관 질환 암	27.7%	26.9%	45.4%
심장 질환	34.4%	29.9%	35.7%

보장 기간 확인 사항

세 번째로는 상품 종류에 따라 납입 형태가 갱신형인지 비갱신형인지 파악해야 한다.

갱신형은 현재 보험료 부담이 적지만 향후 보험료가 지속적으로 **상승**하며, **비갱신형은 현재 보험료 부담이 있지만 일정 납입 기간 이후 보험료 납입을 하지 않아도 되는 특징**이 있으니 자신의 상황에 맞는 유형을 선택해야 한다.

네 번째 확인해야 할 것은보장의 가입 목적인 보장 내용이다.

보험에 가입하는 이유는 만약에 있을 질병과 사고에 대비하는 것인데, 불의의 사고가 발생했을 때 자신이 가입한 보험이 그 사고를 보장하지 못한다고 하면 매우 억울할 수 있다. 따라서 **보장 내용을 파악하는 것이 보장분석의 핵심이라고 할 수 있다.** 보험 상품 및 보험사마다 보장 범위가 다르다는 점을 명심하자. 예를 들어 CI보험의 경우 주요 질병의 일부분만을 보장하기 때문에 **보장 범위를 정확히 파악하여 가입**하는 것이 관건인 것이다.

보장 내용 확인

보험 계약자	피보험자	수익자	만기보험금	사망보험금
母	父	母	과세 없음	
母	母	자녀	증여세	상속세
母	父	자녀	증여세	
祖父	父	손주	증여세(30% 할증)	
자녀(경제적 능력 없음)	父	자녀	증여세	상속세
자녀(경제적 능력 있음)	父	자녀	과세 없음	

보험의 권리지정과 세금

마지막으로 확인해야 하는 것은 보험 계약의 권리지정이다.

계약자 · 피보험자 · 수익자 관계에 따라 세금 관련 문제가 발생할 수 있다. 또한 **보험 사고 시 수령자와 대상자가 누군지 정확히 파악**해야 한다. **계약자**는 보험료를 납입하는 사람이며 **계약의 주권을 가지고 있는 자**이다. **보험의 대상자**는 피보험자이며, **수익자**는 보험 사고 시 보험금을 받는 자이다. 따라서 세금 및 보험금 압류 문제가 있을 경우, 상속이나 증여를 고민하는 경우 등을 고려하여 **계약자와 피보험자, 수익자 권리지정을 제대로 해야 한다.**

보험 약관 분석

당연히 보험금이 나올 거라 생각했는데 나오지 않는다면 당황스럽기도 하고 가입한 보험 상품과 가입 권유를 한 설계사에게도 화가 날 것이다. 보험 사고 발생 시 가지고 있는 보험 상품으로 보장을 받을 수 있는지 확인하는 **가장 정확한 방법은 보험 약관을 살펴보는 것**이다. 따라서 내가 계약한 보험이 나에게 맞는 보험인지 파악할 수 있는 기준도 보험 약관이 될 것이다.

허혈성 심장 질환 임플란트 치료

갑상선암 치료 병원 입원 3일째

다양한 질병·사고

우리는 약관에 의해서 보상을 받게 된다. 약관에 명시된 고객의 의무는 **보험료 납입의 의무와 보험 가입하기 전 알릴 의무이다.** 정확히 고지해야 향후 보험사고 발생 시 제대로 보상받을 수 있다. 가입한 보험이 상해보험인 경우에는 가입 이후 직업 변경이나 운전 차량의 변경이 있을 경우에도 통지를 해야 한다. 이를 **'사후 통지 의무'**라고 한다.

생명보험

일반사망

재해사망

손해보험

상해사망

질병사망

보험별 사망보험금 보장 내용

~2003.09.30.	본인부담금 + **공단부담금** 보상 / **자동차&산재** 사고 시 **100%** 보상 / 입통원 구분 없이 보상
2003.10.01.~	본인부담금만 100% 보상 / 모든 실손보험 **비례보상** / **자동차&산재** 사고 시 50% 보상 / 해외진료비 40% 보상
2009.10.01.~	본인부담금만 **90%** 보상 / 통원 진료비 1~2만원 공제 / 약제비 8천원 공제 / 해외진료비 면책 (2009.08.01. 이후) / **한방, 치과, 치매, 항문 관련 질환 부책** (단, 급여부분의 본인부담)
2013.04.01.~	1년 갱신 / 15년 만기
2015.09.01.~	자기부담금 20% 확대
2016.01.01.~	퇴원 시 처방받은 약값도 최대 5천만원까지 보장 / 우울증, 주의력결핍 과잉행동장애(ADHD) 등 일부 정신질환 보장(급여 부분) 신설 / 입원의료비 보장기간 확대 / 해외장기 체류 시 보험료 납입중지 가능
2017.04.01.~	기본형 + 특약 구조로 변경 / 자기부담율 30% 증대 / 특약 1(도수·체외충격파, 증식자료), 특약 2(비급여 주사제), 특약 3(비급여 MRI 검사)

가입 시기별 실손보험 보장 내용

 * 자필서명(청약서 부분)   * 상품설명(서)   * 보험 약관 교부

보험 가이드편	보험 약관	고객 안내사항
· 목차 · 보험용어 해설 · 주요 내용 요약서 · 가입자 유의사항 · 본 상품 주요 내용	· 보통약관 · 특별약관 · 별표	· 개인 신용정보 제공·이용 고객 권리 안내문 · 주요 전화번호 / 주소

보험 약관의 주요 내용

종류가 같은 보험이라 하더라도 보장하는 범위가 다르고 심지어 같은 보험이라 할지라도 **가입한 시기가 다를 경우 보장 내용이 다를 수 있다.** 따라서 정확한 내용을 알기 위해서는 보험 약관을 살펴보아야 한다. 보험 약관은 보험 가입 시 반드시 받아야 하는 서류 중 하나인데, 만약 보험 약관이 어디 있는지 생각나지 않는다면 보험사 홈페이지를 통해 확인할 수도 있다.

☑ **계약의 성립과 유지:** 청약철회, 설명의무, 계약의 무효 등

☑ **보험료의 납입 등:** 보험료 및 회사의 보장 개시

☑ **보험금의 지급:** 보험금의 종류 및 지급사유, 지급하지 않는 사유

☑ **계약 전 알릴 의무 등:** 알릴 의무 사항과 알릴 의무 위반 시 효과

☑ **보험금 지급의 절차 등:** 보험금 청구 시 구비서류 등

☑ **분쟁 조정 등:** 약관의 해석, 보험안내장의 효력 등

약관 주요 체크리스트

보험 약관은 보험사에서 보험 계약을 체결하기 위해 보험 관련 내용 및 조건 등을 미리 정형화해 놓은 계약 조항인데 **보험 약관에는 보험 용어 및 주요 내용, 보험금 지급 및 지급 절차** 등 다양한 내용이 포함되어 있다. 그런데 보험 약관을 읽더라도 대부분은 보험 전문가가 아니기 때문에 내용을 쉽게 이해하기 어려울 수 있다. 그래서 법적으로 약관 해석에 대해 **3가지 원칙**을 정해놓았다.

첫 번째는 객관적·통일적 해석의 원칙이다.

이는 신의성실 원칙에 따라 공정하게 약관을 해석하며, 계약자마다 다르게 해석하지 않는다는 뜻이 내포되어 있다.

두 번째는 작성자 불이익의 원칙이다.

만약 내용이 명확하지 않은 경우에는 보험사에게 불리하게(계약자에게 유리하게) 해석하는 것을 원칙으로 한다는 뜻이다.

세 번째는 제한적 해석의 원칙이다.

보험금을 지급하지 않는 사유 및 보상하지 않을 시의 손해 등 계약자, 피보험자에게 불리하거나 부담을 주는 내용을 확대하여 해석하지 못한다는 뜻이다.

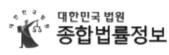

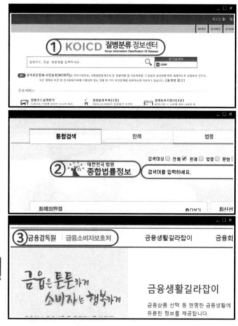

보험 약관 해석 시 참고 사이트

보험 약관을 살펴볼 때 **질병분류정보센터** 사이트를 참고하면 좋다. 정확한 병명 및 내용을 알고 있을 때 약관과 비교하여 보장 여부를 판단할 수 있다.

또한 **대법원종합법률정보** 및 **금융소비자보호처** 사이트를 통해 보험금 관련 판결 사례 등을 참고할 수 있다.

상품 비교 공시

보험사에서 판매되는 상품의 종류와 수는 아주 많다.

42개 보험사(2018년 기준)에서 10개 이상의 보험 상품을 판매한다 해도 **수백 가지 종류의 보험 상품이 있는 것**이며, 어떤 보험 상품이 좋은지 판단하기가 쉽지가 않다. 또한 판매하지 않는 보험 상품까지 생각하면 판단 기준은 더 복잡해진다.

이를 해결하기 위해 생명보험협회와 손해보험협회에서
상품 비교 공시를 제공하고 있다.

[출처: 생명보험협회, 손해보험협회]

상품 비교 공시

하지만 보험 상품을 비교한다고 해도 비전문가 입장에서 살펴보면 내용이 어렵고 이해하기가 쉽지가 않다. 또한 생명보험과 손해보험에서 취급하는 상품 종류가 다르기 때문에 어떤 기준으로 살펴봐야 하는지 어려움이 있을 수 있다.

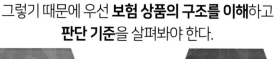

그렇기 때문에 우선 **보험 상품의 구조를 이해**하고
판단 기준을 살펴봐야 한다.

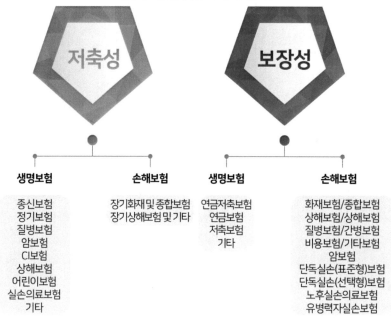

생명보험	손해보험	생명보험	손해보험
종신보험 정기보험 질병보험 암보험 CI보험 상해보험 어린이보험 실손의료보험 기타	장기화재및종합보험 장기상해보험 및 기타	연금저축보험 연금보험 저축보험 기타	화재보험/종합보험 상해보험/상해보험 질병보험/간병보험 비용보험/기타보험 암보험 단독실손(표준형)보험 단독실손(선택형)보험 노후실손의료보험 유병력자실손보험

저축성 상품과 보장성 상품

보험 상품은 크게 나누면
저축성 상품과 **보장성 상품**이 있다.

저축성 상품은 말 그대로 **저축 목적으로 가입한 보험 상품**이며, **보장성 상품**은 **보장 목적으로 가입한 보험 상품**이다. 그런데 최근 출시된 보험 상품 중에는 보장성 상품이 저축성 상품으로 전환되기도 하는 상품들이 있어 구분 짓기가 애매할 수 있는데, 「세법」을 기준으로 하면 **내가낸 보험료 대비 찾는 보험금이 많을 경우는 저축성으로 구분**한다. 또한 **가입 설계서 및 상품 약관에 정확하게 저축성인지 보장성인지 명시**되어 있기 때문에 관련 내용을 쉽게 확인할 수 있다.

첫 번째 판단 기준은

저축성·보장성 상품을 구분하는 것이다.

저축성 상품에는 **연금보험, 저축보험, 연금저축** 등이 있으며,

보장성 상품에는 **암보험, 실손보험, 종신·정기보험, CI보험, 치매보험, 운전자보험** 등이 있다.

최근 생명보험회사와 손해보험회사에서 취급하는 상품의 구분이 모호해지긴 하였지만 **생명보험 회사**는 고유 상품으로 종신·정기, CI보험 등 **정액형 보장 상품**이 많으며, **손해보험회사**의 고유 상품으로는 자동차보험, 운전자보험, 화재보험 등 **실손형 상품**이 많다.

두 번째 판단 기준은

변액형·비변액형 상품을 구분하는 것이다.

생명보험 상품에 한해 적립금을 투자형으로 운용하는 변액보험 상품이 있는데, 투자형 상품이기 때문에 관리가 중요하다. 변액형 상품으로 운영되지 않는 경우는 금리연동형 상품인데 이 경우 몇 퍼센트의 금리로 운영되는지 확인하여 판단해야 한다.

변액 상품인 경우 상품명에 변액이 붙어 있기 때문에 판단하기가 쉽다. 하지만 이 경우는 상품 내용을 잘 살펴봐야 한다. 어떤 펀드로 운영이 되며 펀드 종류는 많은지, 펀드 수수료는 적절한지, 펀드 운용은 잘하는지 등을 보고 판단하여 선택하는 것이 좋다.

변액보험 상품 운용 실적은 홈페이지 및 고객센터를 통해 확인할 수 있지만 **3개월마다 고객에게 자산운용보고서**가 제공된다. **변액 상품이 아닌 경우** 금리연동형 상품으로 **현행 운용 금리와 최저 보증 이율, 이율 적용 기간** 등을 살펴봐야 한다.

연금저축상품

매년 연말정산 시 더 받는 것이 목표

(신)연금저축보험
=
세액공제 혜택

직장인, 근로소득자인 경우는 매년 최대 납입 보험료 400만원까지 세액공제 혜택을 받을 수 있다. 직장인, 근로소득자라면 연금저축보험이 더 유리

연금상품

절세형 연금보험을 찾는 사람

일반 연금보험
=
비과세혜택

일반 연금보험은 10년 이상 유지하면 발생한 이자에 대해 세금을 전혀 내지 않는다. 노후 대비가 주된 목적이라면 일반 연금보험이 유리

마지막 판단 기준은
절세형 상품 여부이다.

현행법에서 **연금저축 상품과 퇴직 연금**은 **연말정산 시 소득공제** 혜택을 볼 수 있다.

보장성 상품도 연간 100만원 한도로 소득공제 혜택을 볼 수 있는데 거의 대부분 혜택을 본다고 가정할 때 저축성 상품의 절세 가능 여부는 납세자 입장에서 중요하다고 할 수 있다.

연금 목적의 보험 상품에 가입했기 때문에 절세가 될 줄 알았는데, 막상 연말정산을 할 때 절세가 되지 않는 경우가 있다. 예를 들어 변액 연금 상품은 연금 목적으로 운용되지만 소득공제 상품이 아니다. 연금 저축 상품으로 구분될 경우에만 세금 혜택을 볼 수 있으니, **연금 상품인지 연금 저축 상품인지 잘 파악해야 한다.**

보험사 선택 기준

좋은 보험사란 어떤 회사일까?

자금이 튼튼한 회사일까?

보험금 지급이 잘 되는 회사일까?

안정성	40%	지급여력비율	25%
		책임준비금	10%
		유동성비율	5%
소비자성	30%	10만 건당 민원 건수	10%
		불완전판매비율	5%
		보험금 부지급율	5%
		인지, 신뢰도	10%
건전성	20%	위험가중자산비율	10%
		가중부실자산비율	10%
수익성	10%	총 자산 수익율	3%
		운용자산 이익율	3%
		당기 순이익	4%

[출처: 금융소비자연맹, 2017년]

좋은 보험사 평가 항목 및 배율

금융소비자연맹에서는 보험사 선택 시 고려해야 할 중요한 사항을 **안정성, 소비자성, 건전성, 수익성** 등으로 구분하여 매년 발표하고 있다. 특히 안정성에서는 지급여력비율이 높은 점수를 차지하고 있으며, 소비자성에서는 보험금 부지급 사례와 불완전 판매, 민원 등이 상위를 차지하고 있다. 최근 국제회계기준 변경으로 부채 인식 기준이 변경되면서 자산 평가가 중요해지고 있다. 이와 관련해서 **지급여력비율** 및 **소비자성(보험금 부지급율), 국제회계기준(IFRS17)**에 대해서 알아보도록 하자.

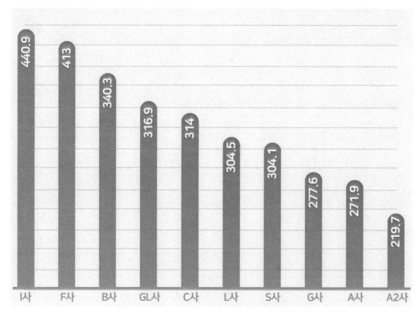

[출처: 금융감독원, 2018년 3월 말]

생명보험사 지급여력비율

지급여력비율(RBC)

보험사의 재무 안전성을 평가하는 대표적인 지표이다[은행은 자기자본비율(BIS), 증권사 순자본비율(NCR)로 재무건전성을 평가함]. 보험회사에 예상치 못한 손실이 발생했을 때, 보험 상품 가입자에게 보험금을 지급할 여력이 있는지를 나타내는 지표로서, 「**보험업법」상 지급여력비율은 100% 이상**이어야 하며, **150% 이상을 유지하도록 금융당국으로부터 권고**받고 있다. 지급여력비율은 각 보험사 및 금융감독원에서 공시하고 있다.

보험금 부지급률

최근 **보험사의 보험금 부지급률이 높아지고 있다.** 심지어는 보험금 청구나 지급이 많은 계약자들을 상대로 '계약 부존재 및 부당이득금반환 청구소송'을 하는 사례가 많이 발생하고 있는데, 물론 조사 확인을 해서 보험금 청구자에게 문제가 있는 경우는 당연하지만 단지 보험금 청구, 입원 일수, 지급 보험금이 많다고 선량한 계약자들을 상대로 이러한 소송을 진행하는 보험 사례로 인해 **보험에 대한 신뢰의 원칙이 깨지고 있다.** 보험금 부지급률은 생명및손해보험협회 공시실의 '기타공시'에서 확인할 수 있으며 **부지급률 및 민원율이 높은 보험사는 가입을 피하는 것이 좋다.**

손해보험사

순위	① K사	② D사	③ S사	④ HD사	⑤ H사
10만 건당 민원 건수	8.16	7.67	9.06	9.56	10.10
불완전판매비	0.11	0.15	0.20	0.11	0.11
보험금 부지급률	0.76	1.85	2.57	2.55	0.89
인지/신뢰도	5.60	14.10	34.30	17.50	5.60

생명보험사

순위	① S사	② F사	③ S사	④ H사	⑤ N사
10만 건당 민원 건수	9.53	7.69	5.38	8.98	3.41
불완전판매비	0.18	0.22	0.66	0.27	0.09
보험금 부지급률	0.80	1.13	0.93	0.76	2.31
인지/신뢰도	36.60	9.20	6.40	6.10	2.00

[출처: 금융소비자연맹, 2017년 / 단위: %]

생명·손해 보험사 소비자성 순위

IFRS(국제회계기준) 17 도입

보험평가가 원가평가에서 시가평가로 변경되었다.

고금리에 팔았던 모든 상품이 부채로 인식되는 것이다.

보험 부채의 평가 기준을 원가에서 시가로 변경하는 국제보험회계기준이 2021년 1월 1일부터 시행된다. 보험사는 미래에 고객에게 지급할 보험금의 일부를 적립금으로 쌓아 두어야 하는데, IFRS17 적용 시 회계 작성 시점의 금리를 바탕으로 적립금을 계산해야 한다. 그동안은 보험사가 계약한 시점에 약속한 금리에서 계약 시점 시장금리 등을 반영해 보험사의 예정이율을 뺀 부분만 부채로 인식, 이를 기준으로 자본금을 쌓았다. 이 경우 고객에게 돌려줄 돈과 보험사가 벌어들이는 돈의 비율이 계약 시점 또는 보험 계약이 만료될 때까지 변동되지 않는다. 따라서 보험사는 최초 보험 계약 시 계산한 금액만을 준비하면 된다.

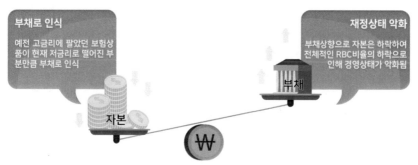

반면 IFRS17이 도입되면 현재 시장금리를 반영해야 한다. 지금은 저금리 상황이기 때문에 보험사의 이익은 줄었으나 과거에 판매했던 상품의 대다수가 고금리 확정형 상품이기 때문에 보험사가 지불해야 할 부채 규모가 커져 부담이 심화된다. 예를 들어 보험사가 9%대 수익을 보장하는 저축성 보험을 팔았을 경우, 현재로는 지급 시점에 9%대 수익을 낼 것으로 가정한 후 적립금을 쌓아도 됐지만, IFRS17 도입 후에는 2%대 저금리로 줄어드는 운용 수익을 감안하고 훨씬 더 많은 적립금을 쌓아야 한다.

이렇게 되면 7~9% 고금리 확정형 상품을 대량 판매한 보험사들은 쌓아 두어야 하는 적립금이 크게 증가한다. 이 때문에 보험업계에서는 IFRS17 시행으로 부채가 확대되어 보험사 건전성 평가 지표인 지급여력비율(RBC)이 100% 이하로 떨어지는 최악의 상황을 우려하고 있다.

보험설계사 정보

한동안 DIY가 유행한 적이 있다. 'Do It Yourself'의 약자로 '스스로 한다'라는 의미가 내포되어 있다. 요리, 인테리어, 공부 등 다양한 분야에서 셀프 코칭을 강조하고 있긴 하지만 **여전히 금융은 어려운 영역 중 하나이다.**

미국 국민의 82.5%가 재정 컨설턴트를 통해 자산관리를 받고 있다.

금융 부분이 광범위하고 전문화되어 있어 개인이 시간을 들여 공부하고 투자하기에 힘든 부분이 있다. 때문에 어떤 재정 주치의(자산관리사 또는 보험설계사)를 만나느냐가 중요하다.

좋은 보험설계사의 기준은 무엇일까?

단순히 인간성 및 말투로 판단하는 것이 아닌 객관적으로 검증할 수 있는 내용이 있어야 한다. **보험 상품을 판매하기 위해서는 라이선스가 필요하다.** 치료 및 수술을 아무리 잘하더라도 의사 자격이 없으면 불법인 것이다. 아무리 보험에 대해 많이 알아도 자격이 갖추어져 있지 않으면 보험 판매가 되지 않으며 신뢰할 수 없다.

보험 상품 판매를 위해서는
생명보험, 손해보험, 3보험, 변액보험 판매 자격증이 있어야 한다.

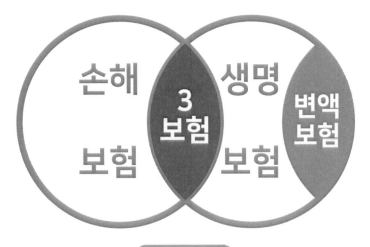

보험 자격증

생명보험설계사는 보험계약자 또는 제3자의 생사에 관하여 일정한 금액(보험금액)을 보장해주는 보험의 판매사로 손해의 유무 · 대소에 관계없이 사고가 발생하면 **일정한 금액을 지급하는 정액보험(定額保險)을 판매**할 수 있다.

손해보험설계사는 보험사고 발생의 객체가 주로 피보험자의 재산으로 우연한 사고를 보장해주는 보험의 판매사로 **손해를 복구해주는 보험을 판매**할 수 있다.

3보험설계사는 사람이 질병에 걸리거나 재해로 인해 상해를 당했을 때 또는 **질병이나 상해가 원인이 되어 간병이 필요한 상태를 보장하는 보험**으로, 손해보험과 생명보험의 **두 가지 성격을 모두 갖추고 있어** 어느 한 분야로 상해, 입원, 수술, 통원 등을 보장하는 보험 상품을 판매할 수 있다. 일반적으로 **생명보험설계사 및 손해보험설계사 시험 시 3보험 자격도 같이 획득**해야 한다.

변액보험 판매 자격은 **생명보험협회에서 진행**하는 시험 제도이다. 변액보험은 보험료의 일부가 주식이나 채권 등 투자형 상품으로 투자되기 때문에 **투자 관련 자격증으로 이해하면 된다**. 보험설계사 자격 여부는 각 협회에서 확인이 가능하다.

보험설계사의 **자산관리 전문성을 강조하는 자격증**이 있다.

앞서 말한 네 가지 보험 자격은 보험 상품을 판매할 수 있는 자격이며, 투자 관련 자격 시험으로는 증권업협회에서 주관하는 '펀드투자상담사', '증권투자상담사' 등이 있다.

또한 최근 보험설계사를 통해 자산관리를 받는 고객이 늘어나면서 **IFP(자산관리사), AFPK(재무설계사), CFP(국제재무설계사)** 등의 자산관리 자격증도 생겨났다.

특히 **AFPK와 CFP는 한국 FPSB 협회에서 실시하는 자격**으로 관련 자격을 **보유한 설계사는 투자, 보험, 세금, 부동산 등 자산관리에 대한 지식을 인정**해주는 게 업계 현황이다.

AFPK 자격을 취득해야 CEP 자격 시험을 볼 수 있으며 AFPK와 CEP는 전 세계에서 통용되는 자격증이고 보험회사뿐만 아니라 은행, 증권회사 종사자들에게도 취득을 권유하는 자격증으로 자산관리 능력을 평가하는 대표 자격증이다.

자산관리사

재무설계사

국제재무설계사

보험설계사들 중 고객 관리 및 우수 활동에 부여되는 인증 제도가 있다.

대표적인 인증 제도는
우수인증설계사 제도와 MDRT 회원 자격이다.

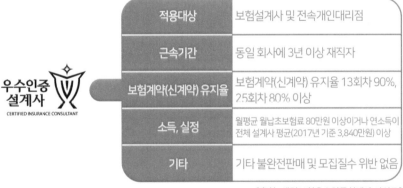

적용대상	보험설계사 및 전속개인대리점
근속기간	동일 회사에 3년 이상 재직자
보험계약(신계약) 유지율	보험계약(신계약) 유지율 13회차 90%, 25회차 80% 이상
소득, 실정	월평균 월납초보험료 80만원 이상이거나 연소득이 전체 설계사 평균(2017년 기준 3,840만원) 이상
기타	기타 불완전판매 및 모집질수 위반 없음

[출처: 생명보험우수인증설계사 사이트]

우수인증설계사 제도 자격기준

우수인증설계사 제도는 보험설계사의 건전성을 파악할 수 있는 지표가 된다. 2008년부터 생명보험과 손해보험설계사들의 **근속기간, 계약유지율, 완전판매 여부** 등을 종합적으로 평가해 인증을 부여하며 인증자격 **유효기간은 1년**이다. 관련 협회에서 우수인증설계사 여부를 확인할 수 있다.

MDRT	COT	TOT
Member MDRT®	Court of the Table Member MDRT®	Top of the Table Member MDRT®
초년도 수수료 기준		
74,405,600원 (US $ 95,000)	223,216,800원 (US $ 285,000)	446,433,600원 (US $ 570,000)
초년도 보험료 기준		
186,014,000원 (US $ 190,000)	558,042,000원 (US $ 570,000)	1,116,084,000원 (US $ 1,140,000)
연간 총 수입 기준		
127,977,600원 (US $ 164,000)	383,932,800원 (US $ 492,000)	767,865,600원 (US $ 984,000)
환산율		
783.2168	979.0210	780.3512

[출처: 한국MDRT협회 사이트]

2019년도 MDRT 자격 달성 성적 기준

MDRT 회원은 보험재정상담사 중 **고연봉자 이상자에게 부여되는** 인증 제도이다.

MDRT는 **Million Dollar Round Table**의 약자로 '백만 달러 원탁 회의'라는 의미를 포함하고 있으며 환율에 따라 매년 차이가 있지만 연간 1억 8천만원 이상의 보험료 실적이나 7천 4백만원 이상의 수수료 실적을 달성해야 부여된다. MDRT 회원 중 MDRT 실적 3배에 달하는 경우 **COT(Court of the Table)**를, MDRT 실적 6배에 달하는 경우 **TOT(Top of the Table)** 등급을 부여한다. 관련 회원 인증 자격 **유효 기간은 1년**이며, **MDRT 10회 이상 달성 시 종신회원으로 인정**된다. MDRT 회원 확인은 한국MDRT협회에서 가능하다.

변액보험 정보

변액보험 상품은 생명보험회사에서 판매하는 상품으로
'금액이 변한다' 하여 **변액보험**이다.

변액보험은 적립금을 특별 계정으로 이관하여 펀드 상품으로 운용하기 때문에 변동성이 크다. 보통 일반 보험 상품인 경우는 일반 계정에서만 자금이 운영된다.

따라서 변액보험에 가입한 고객은 변동 정보를 보고받을 의무가 있는데, **자산운용보고서가 보고받아야 될 내용 중 하나이다.**

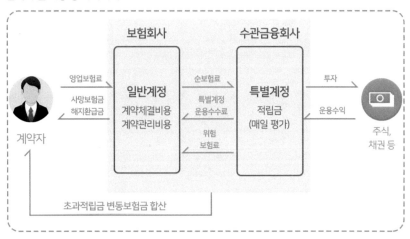

자산운용보고서

자산운용보고서는 펀드 운용 결과를 설명하는 보고서로서 변액보험 판매 회사에서 **3개월마다 변액보험 가입자에게 우편(전자우편 포함)을 제공**하여야 하며, 운용보고서상 주요 내용으로는 **펀드의 자산 및 기준가격, 운용 경과 및 손익** 등이 있다.

실제 자산운용보고서를 받은 경우
총 납입 금액과 **환매 가능 금액, 펀드 운용 내역** 등이 표시된다.

기준일자	계약일	최종납입월	납입횟수	주계약보험료(A)	보험계약대출	환급률(%)	해약환급금	투입보험료	총납입보험료
			59	5,900,000	0	78.83	4,651,797	86,540	?

기준날짜	펀드명	특별계정 보유좌수	기준가	특별계정 투입전 차감액 (사업비)(B)	특별계정 투입금액	특별계정 투입후 차감액 (위험보험료 등)	계약자적립금 금액(C)	적립률(%) (C/A) x 100
	변액연금 II 성장 혼합형	3,210,303	1506.50	(3,210,303 x 1506.50 /1000)				
				794,140	5,105,860	76,165	4,836,321	81.97
					86,540원 x 59회			

✔️ **체크 포인트**

1. 총납입금액
2. 환매가능금액
3. 사업비
4. 중도인출 및 추가 납입금액
5. 펀드 운용 내역

자산운용보고서 예시

일반인들에게는 자산운영보고서가 너무 복잡하게 만들어진 듯 보일 것이다. 그도 그럴 것이 보험설계사에게도 자산운용보고서는 어렵다. 아래의 간단한 설명을 통해 하나씩 이해하도록 해보자.

우선 **기준가격**부터 살펴보자.

기준가격	전일대비	누적수익률	연환산수익률
1506.50원	1500.00원	50.65%	9.16%

자산운용보고서 기준가격 예시

일반적으로 변액보험의 최초 기준가격 1천 원이다(상품마다 차이가 있을 수 있음).

현재 기준가격 1506.50원으로 보면 펀드가 설정된 이후로 50.60%가 상승했다는 것을 알 수 있다. 또한 전일 기준가 대비 6.50포인트가 상승하였고, 연 환산수익률이 9.16%로 10년이 채 안된 펀드라는 것을 알 수 있다.

다음으로 살펴볼 내용은
변액보험의 펀드 가격을 계산하는 방식이다.

기준가 X **좌수**

1,000

변액보험 적립금은 펀드로 운영되기 때문에 적립금은 펀드와 동일하게 기준가와 좌수로 구성된다. **좌수는 펀드 수량**으로 이해하면 되겠다. 자산운용보고서를 통해 기준가와 좌수를 알 수 있으며 변액보험 내 펀드 가격을 알수 있다.

변액보험 운영 수익률(기준가)은 **생명보험협회 공시실**을 통해 확인할 수 있다.

마지막으로 살펴볼 내용은
해약 환급금이다.

생명보험협회를 통해 변액보험(저축성) 사업비를 조회할 수 있다.

생명보험협회 ▶ 공시실 ▶ 상품비교공시 ▶ 변액보험

단, 변액보험(보장성) 사업비는 제외

계약체결비용, 유지비용, 위험 보험료, 펀드운용수수료 등

보험사명	상품명	사업비율(보험대비)						위험보장(보험료대비)		
		계약체결비용			유지/관리비용			비용	기본사망보험금		
		7년이내(1차월)	8~10년	10년 초과	7년이내(1차월)	8~10년(2차월이후)	10년 초과		일반사망	재해사망	기타
		6.6	3.77		6.6	6.6	6.6	0.5792	1,000	1,000	

변액보험에 가입한 고객이 자주 이의를 제기하는 내용 중 하나가 자신이 넣은 보험료 대비 적립금 또는 환급금이 작다는 것이다. 변액보험은 10년 이내에는 사업비가 빠지고 사업비에는 **계약체결비용과 계약관리비용, 위험보험료, 펀드운용수수료** 등이 있는데, 관련 사업비는 생명보험협회에서 확인이 가능하다. 또한 10년 이내 해지할 경우 보험사 내부 규칙에 따라 적립금 대비 해약환급금이 적을 수 있으니 관련 내용을 살펴봐야 한다.

변액보험에는 **다양한 옵션 기능**이 포함되어 있다.

변액 보장성 상품은 **최저사망금보장옵션**(펀드 운영에 상관없이 판매 회사에서 보장해주는 사망 보장 금액)이 있으며 **변액연금 상품은 최저원금보증옵션**(납입 기간을 완료할 경우 펀드 운영과 상관없이 납입한 보험료를 보존해주는 기능)이 있다.

또한 상품에 따라 자동재배분 등 다양한 옵션 기능이 있으며 관련 내용은 보험회사 홈페이지 및 약관을 통해서 확인할 수 있다.

구 분	보장성 보험	저축성 보험
상 품	변액 종신 변액유니버셜 (보장성)	변액 연금 변액유니버셜 (저축성)
최저 사망 보험금	**기본 보험금**	**기납입보험료**
보험금 변동주기	**1달** (일시납 보험 추가 가입방법)	**매일**

변액보험의 다양한 옵션

저축성 보험 정보

저축성 보험이란 무엇인가?

저축성 보험
보장성 보험을 제외한 보험으로서 생존 시 지급되는
보험금의 합계액이 이미 납입한 보험료를 초과하는
보험을 말한다.
(보험업 감독규정 제1-2조 (정의) 제4호)

저축성 보험의 경우 확인해야 할 내용으로 **적립금 운영과 세금 문제가 있다.**

저축성 보험은 단기 금융 상품이 아니기에 중장기로 저축하는 경우가 많다. 따라서 중장기적으로 관리를 해야 효과를 본다고 이해 할 수 있다. 하지만 일반 은행 금리 상품 대비 내용이 복잡하고 확인해야 할 사항이 많기 때문에 관련 내용을 잘 이해해야 한다.

보통 보험사에서는 저축성 보험의 경우 복리 효과와 세금 부분을 강조한다.

가입 고객이 복리효과를 보려면 이율 또는 수익률이 중요한데, **이율은 어디서 확인할 수 있을까?**

공시실 Click ▶ 저축성 보험 ▶ 연금저축보험

[출처: 생명보험협회 공시실]

공시이율 확인

공시이율이란 보험회사가 보험개발원에서 공표하는 공시기준이율을 감안하여 일정 기간마다 금리연동형 보험 상품에 적용하는 이율로 **적용되는 기간과 최저보증이율을 확인**해야 한다.

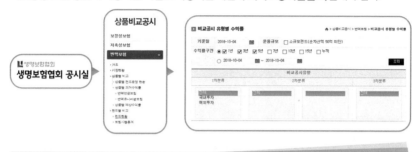

[출처: 생명보험협회 공시실]

변액보험 수익률 확인

변액보험 수익률은 펀드상품으로 운영되기 때문에 수익률을 수시로 확인해야 한다.

같은 펀드라도 운영사마다 펀드 수익률 차이가 있으며 시장 상황에 따라 펀드 운영을 변경해야 하기 때문에 **펀드 관리가 매우 중요하다.**

보험가입전
가입설계서

가입조건별 사업비 내역을 담은 수수료 안내표 제공

보험가입시
상품설명서

사업비 내역을 담은 수수료 안내표 제공

보험가입후
보험사

로그인 후 개별계약 조회란에서 수수료 안내표 확인

적립금 확인

저축성 상품은 **환급금이 매우 중요**하므로 관련 정보는 **가입설계서, 상품설명서, 보험사**에서 확인 가능한데, 보험에 가입한 후 보험사를 통해 확인할 수도 있지만 가입설계서와 상품설명서를 잘 보관해두면 내용을 확인할 때 편리하다.

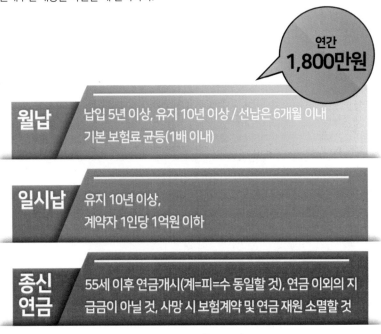

저축성 보험의 비과세 효과

저축성 보험 상품의 경우 월납으로 **10년 유지 시 연간 1천8백만원 한도까지 이자에 대해 비과세가 적용된다.** 금융 상품의 이자나 배당이 **2천만원을 초과할 경우 일반과세**되기 때문에 비과세 혜택은 장기금융 상품일수록 매우 중요하다.

현재「세법」상 연금 저축으로 구분되는 상품은 세액공제 혜택이 주어진다. 연금 저축 상품으로는 은행의 연금저축신탁, 증권회사이 연금저축펀드, 보험회사의 연금저축보험 등이 있다. 연금 저축은 개인연금 상품으로 국민연금의 문제를 해결하기 때문에 국가에서도 가입을 유도하는 상품이다.

연금 저축은 연간 4백만원 한도까지 세액공제 혜택이 부여되며, 퇴직 연금의 상품 중 하나인 IRP와 같이 가입하는 경우는 7백만원 한도까지 세액공제 혜택이 부여된다.

	(신) 연금저축
납입한도	1800만원
납입기간	5년 이상
연금지급조건	55세 이후, 10년 이상 수령
소득공제	400만원 한도 12%세액공제 (IRP 계좌 활용 시 연 700만원 한도)
연금소득세	55~69세 5.5% / 70~79세 4.4% / 80세 이후 3.3% 연금소득세 납부
연금 외 수령 시 불이익	16.5% 기타 소득세

연금 저축의 소득공제 혜택

연금저축상품

매년 연말정산 시 더 받는 것이 목표

(신)연금저축보험
=
세액공제 혜택

직장인, 근로소득자인 경우는 매년 최대 납입 보험료 400만원까지 세액공제 혜택을 받을 수 있다. 직장인, 근로소득자라면 연금저축보험이 더 유리

연금보험상품

절세형 연금보험을 찾는 사람

일반 연금보험
=
비과세혜택

일반 연금보험은 10년 이상 유지하면 발생한 이자에 대해 세금을 전혀 내지 않는다. 노후 대비가 주된 목적이라면 일반 연금보험이 유리

연금 저축과 일반 연금 보험 상품 차이

앞에서 살펴본 것처럼 **연금 저축 상품은 세액공제 혜택을, 일반 연금 보험 상품은 비과세 혜택을 받는다.** 쉽게 이해하자면 연금 저축 상품은 가입하고 연말정산 시 혜택을 보기 때문에 지금 당장은 눈에 띄게 혜택을 받지만 향후 연금 수령 시 세금(3~5%)이 부여된다. 비과세 상품은 지금 당장의 세금 혜택은 없지만 조건 충족 시(가입금액 한도 내 10년 이상 유지) 비과세 혜택이 주어져 **향후 연금 수령 시 세금을 낼 필요가 없는 것**이다.

본인에게 맞는 연금 상품을 선택하는 것이 중요하다.

생애주기가 **변하면서**
정기적으로 내가 가지고 있는 **보험 상품 점검이 필요**하다.

부모님이 어렸을 때 가입해준 건강보험만 가지고 평생을 살아가는 분이 있다고 가정하자.

결혼을 해서 집을 마련하기 위해 대출을 받고 자녀가 있는 가장이 되었다고 할 때 그 가장의 책임이 예전과 똑같다고 할 수 없다. 그렇기 때문에 **자신의 환경이 변할 때 보장자산의 업그레이드가 필요하다.**

영유아　　초중고　　대학생　　중장년　　노인

또한 **평균수명이 변화를 고려했을 때 보험 상품 점검이 필요**하다.

우리나라 보험회사가 1980~2000년대에 크게 성장하면서 그 당시 보험에 가입 수가 크게 늘어났다. 그런데 **예전에 가입한 보험 상품**이 좋은 점도 있지만 **가장 큰 문제점은 보험의 만기이다.**

현대에 들어서 의료복지 기술 향상으로 **평균수명은 이제 100세 시대를 향해** 가고 있다. 예전 가입한 보험 만기가 70세 또는 80세 만기이면 어떻게 해야 할까? **보장자산 업그레이드가 필요한 것이다.**

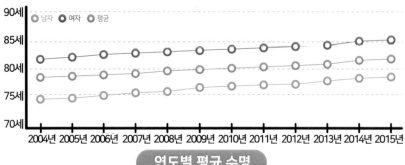

연도별 평균 수명

그렇다면 '나이가 들수록 보험가입금액을 올리면 되지 않는가?'라고 생각할 수 있지만 보험사는 **나이가 들수록 가입 조건을 까다롭게 만들기에 보험가입이 안 될 수 있으며, 보험료 부담이 커질 수밖에 없다.**

물가 또한 지속적으로 상승하고 있다.

특히 **보험료 인상률은 무서울 정도로 가파르게 상승**하고 있다. **최근 3년 실비보험 인상률이 70%**가 넘었다고 하니 정말 놀라울 따름이다. 우리나라 인구 구조가 노령화로 가속되면서 보험 위험률이 증가하여 보험료 인상은 막을 방법이 없다. 그래서 **보험 상품은 빨리 가입해야 이득**이라는 말이 나온다.

	2015	2016	2017	3년간 합계
흥국화재	12.2	44.8	21.1	78.1
DB손보	20.8	24.8	24.8	70.4
현대해상	16	27.3	26.9	70.2
롯데손보	11.7	22.7	32.8	67.2
삼성화재	17.9	22.6	24.8	65.3
KB손보	15.9	20	26.1	62
메리츠화재	16	19.5	25.6	61.1
한화손보	12.4	17.7	20.4	50.5

※ 직전 연도 말 대비 인상률   [출처: 생명·손해보험협회 / 단위: %]

보험사 실손보험료 인상률 추이

그러면 어떻게 해야 할까?

평균수명이 늘어나면서 경제활동기간도 앞으로 더 늘어날 것으로 예측할 수 있다. 예전에는 정년퇴직이 50세였지만 **최근에는 55세 이상으로 늘어나는 추세**이며, 정년퇴직 이후 경제활동기간이 더 늘어날 것으로 보고 있다.

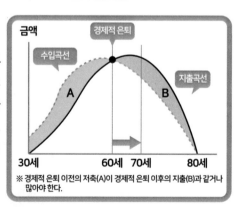

생애 재무설계의 개념

따라서 보장기한을 100세 시대에 맞춰 업그레이드하면 **월납입보험료가 부담될 수 있지만 이 또한 납부기한을 길게 하면 월납입보험료 부담은 줄게 된다.**

연장기한을 늘리면 또 다른 좋은 이유는 **'보호' 파트의 '셀프 보장분석 3' 챕터**에서 이야기했듯이 **보험료 납부 기간 중 납입면제 기능을 활용하면 관련 보험 혜택**을 볼 수 있기 때문이다.

보장기한	월납입보험료
100세로 업그레이드	상승

보장기한	납부기한	월납입보험료
100세로 업그레이드	연장	불변

보장 내용 중 보험료를 차지하는 내용은
사망진단비와 주요질병진단비이다.

보험 업그레이드를 해야 할 경우 다음 두 경우를 어떻게 하면 좋을지 살펴봐야 할 것이다.

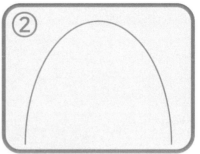

1번과 같이 사망보험금을 계속적으로 상승시키는 경우는 상속세 재원을 마련하는 경우이다. 우리나라에서 **가장 많은 납세의무를 지니는 세금이 상속 증여세이다(최고 50% 세율)**. 상속세가 고민되는 분들이 1번 유형처럼 상속 재원을 마련하는 것이 좋다. 그렇기 위해서는 지속적으로 보험 가입을 하는 방법도 있지만 보험금이 시간이 지날수록 상승할 수 있는 보험 상품을 가입해야 한다. **높은 공시이율 보증 상품**이나 **변액 종신 상품을 가입하는 것**이 방법이 되겠다.

2번과 같은 경우에는 일반적인 경우로 한참 경제 활동기인 가장의 사망은 자녀 교육 문제 및 대출 금상환 및 생활자금 문제 등 큰 문제를 초래한다. 하지만 은퇴기에 가까워지면 재정적 부담은 줄어드니 2번과 같은 사망보험금을 가져가는 방법이 있다. **정기보험을 활용하거나 연금 전환이 가능한 종신보험을 활용**하는 방법이다. 한참 **경제활동기에는 적정 사망보험금을 가져가고 그 이후에는 점차 줄어드는 방법**을 취하는 것이다.

저해지 환급형		무해지 환급형	표준 환급형
30% 지급형 일반형보다 보험료가 약 14.6% 낮음 납입기간 중 해지 시 표준형 해지환급금의 **30% 지급**	**50% 지급형** 일반형보다 보험료가 약 21.37% 낮음 납입기간 중 해지 시 표준형 해지환급금의 **50% 지급**	납입기간 중 해지 시 **해지환급금 없음** 일반형보다 보험료가 약 30.76% 낮음 단, 보험료 납입 완료시점부터 일반형과 동일한 해지환급금 보장	납입기간 중 해지 시 표준형 해지환급금 **100% 지급**

주요 질병 진단비는 부담스러우면 저해지, 무해지 상품을 활용하면 된다.

저해지 상품은 일반 보험 상품보다 환급률이 일정 기간 동안 낮은 것이 특징이다. 보험 해지 시 **환급률이 떨어지는 단점**이 있지만 **그만큼 보험료 절감 효과가 있다.**

무해지 상품은 말 그대로 **해지하면 환급률이 거의 없는 상품**이다. 저해지 상품은 일정 기간 이후에는 일반 상품만큼 환급률이 높아지는데, **무해지는 환급 금액이 거의 없다고 보면 된다. 대신 저해지 상품보다 보험료가 저렴하다.**